Bastiaan Baan

Meditation in der westlichen Welt
Übungswege

Bastiaan Baan

Meditation in der westlichen Welt
Übungswege

VERLAG AM GOETHEANUM

Der Verlag am Goetheanum im Internet:
www.goetheanum-verlag.ch

© 2022 Verlag am Goetheanum, CH-4143 Dornach
Alle Rechte vorbehalten

Titel der niederländischen Originalausgabe:
Wegen naar westerse meditatie
Bastiaan Baan
© Uitgeverij Christofoor, Zeist 2020

Übersetzung: Ambrose Kluyskens, Almere
Lektorat: Bruno Zweifel, Basel
Satz: Martin Weis, Denzlingen
Umschlag: Wolfram Schildt, Berlin
Druck und Bindung: Jelgavas Tipogrāfija, Jelgava, Latvia

ISBN 978-3-7235-1707-9

Inhaltsverzeichnis

Vorwort 7

1 Was ist Meditation? 9
2 Vorbereitung zur Meditation. Hilfe und Hindernisse 18
3 Woher kommt Ruhe? 25
4 Woher kommt Ehrfurcht? 33
5 Konzentration, Kontemplation, Meditation 38
6 Der Weg des größten Widerstandes? 45
7 Die Nebenübungen 53
8 Die Schulung des Wollens – Der Wille zur Schulung 58
9 Der Weg und das Ziel 66
10 Bildmeditation 69
11 Wortmeditation.................................... 78
12 Morgens und abends, Tag und Nacht 82
13 Der Weg nach innen. Der Weg nach außen 90
14 Lesen im Buch der Natur 101
15 Die Rückschau.................................... 111
16 Meditieren für die Verstorbenen
    Meditieren mit den Verstorbenen.......................... 123
17 Gebet und Meditation............................ 135
18 Geduld. Der Prüfstein 147
19 Warum das Johannesevangelium? 153
20 Der Prolog des Johannesevangeliums 161
21 Ich bin 168
22 «Ich bin» im Neuen Testament 176
23 Christus in mir.................................... 183
24 Christus in uns.................................... 192

Abbildungsnachweis 197
Siglenverzeichnis 197
Anmerkungen 199

Vorwort

Im Frühjahr 1999 erschien mein Buch *Wege zur christlichen Meditation*, 2007 folgte eine zweite niederländische und 2008 eine erste deutsche Auflage. Als jetzt zwanzig Jahre nach der Erstausgabe dieses Buches eine dritte niederländische und eine weitere deutsche Auflage gewünscht wurden, entschloss ich mich, das Ganze neu zu verfassen. Grund dafür ist, dass ich mich in den vergangenen zwanzig Jahren täglich mit dem Thema beschäftigt habe – einerseits durch die eigene Meditationspraxis, andererseits durch das Leiten von Kursen und Unterrichtsstunden. Insbesondere die tägliche Arbeit mit den Studenten der Priesterausbildung der Christengemeinschaft im nordamerikanischen Spring Valley hat mir geholfen, die Themen dieses Buches in Zusammenhang mit der Unterrichtstätigkeit weiter auszuarbeiten und zu vertiefen. Im Zeitraum zwischen 2013 und 2019 war es als Seminarleiter meine Aufgabe, der dortigen Ausbildung Form und Inhalt zu geben. Während mehr als drei Jahrgängen waren die Studenten wöchentlich in das Thema Meditation (Inner Life) eingebunden. Der gegenseitige Austausch, ihre Fragen, Zweifel und Ideen eröffneten mir neue Perspektiven. Wo ich jetzt selbst fast fünfzig Jahre täglich mit Meditation gelebt habe, ist es ein Geschenk, durch das Unterrichten einer neuen Generation zu begegnen und nochmal ganz von vorn den Versuch zu unternehmen, die Frage zu beantworten: Was ist Meditation?

Nicht nur der Inhalt, auch der Titel des Buches hat eine Änderung erfahren: Aus *Wege zur christlichen Meditation* wurde *Meditation in der westlichen Welt – Übungswege*. Mehr als in den früheren Auflagen habe ich den ‹Weg nach außen› betont, die Verbindung mit der Welt der Sinne, mit der unsere westliche Welt vertraut ist – im Gegensatz zum östlichen Meditationsweg, welcher die Außenwelt, die *Maya*, üblicherweise ausschließt. Das Thema der westlichen Meditationswege ist wie ein roter Faden in die Komposition dieses Buches hineinverwoben.

Während der Monate, in denen das Buch geschrieben wurde, änderte sich die Welt, in der wir leben, radikal. Selten hat sich die Notwendigkeit irgendeiner Form von Besinnung, Kontemplation und Meditation so offensichtlich gezeigt.

Wie zu erwarten war, haben verschiedene Gruppen und lebensanschauliche Strömungen diese Notwendigkeit erkannt und vorangebracht. Der Ministerpräsident von Indien, Narendra Modi, ermuntert sein Volk, Yoga zu praktizieren. Allerhand Mindfulnesstrainer arbeiten mit Online-Sitzungen, die in einem Maße besucht werden wie nie zuvor. Die BBC widmete der Thematik einen eigenen Artikel: *Gaming as a form of meditation* (BBC Culture, 14. April 2020, *Gaming, zu dt.: Computer spielen*). Kurz gesagt: Der Begriff Meditation wurde zum Modewort, ebenso oft richtig wie falsch benutzt. In diesem Buch beschränke ich mich auf einen Meditationsbegriff, der Meditation als individuellen Weg, den man in Freiheit gehen kann, versteht.

Herzlich bedanken möchte ich mich bei Nienke und Jan Waardenburg wie auch Jesse Mulder für das kritische Durchsehen des Manuskripts sowie bei Jolanda Gevers Leuven, die die Entstehung des Manuskripts von Beginn an technisch wie sprachlich begleitet hat. Angemerkt sei noch, dass alle Textstellen aus dem Neuen Testament sich auf die vierzigjährige Übersetzungsarbeit des Christengemeinschaftspfarrers Heinrich Ogilvie (1893–1988) beziehen.

Bastiaan Baan

1 Was ist Meditation?

Meditation könnte man als die «königliche Kunst der Zukunft» bezeichnen. Königlich, weil man von Anfang bis Ende selbst bestimmt, was man tut und wie man es tut. Meditation ist eine Praxis, die unter allen Umständen des Lebens ausgeübt werden kann – unabhängig von Glück oder Unglück, Freiheit oder Gebundenheit, Gesundheit oder Krankheit. Meditation ist keine Wissenschaft oder Form von Religion, sondern eine Kunst: Kein Dogma, kein Institut schreibt mir vor, wie ich handeln soll. Ich selbst muss die Kunst ausüben und meinen eigenen Stil entwickeln. Genauso wie in jeder Kunstform das Material gegeben ist und alles andere in den Händen des Künstlers liegt, so steht es auch dem Meditierenden frei, das Material (die Meditation) auszuwählen und zu seinem eigenen Kunstwerk umzuformen.

Meditation: die königliche Kunst der Zukunft

Das Faszinierende an Meditation ist, sie ist nie vollkommen. Es bleibt immer etwas zu wünschen übrig. Das macht es auch so schwierig durchzuhalten: Man kann sich nie auf seinen Lorbeeren ausruhen. Nie wird man sich sagen können: Diese Kunst beherrsche ich vollkommen. Negativ formuliert: Man wird immer mit dem Frust der Unvollkommenheit leben müssen. Deshalb wird man sich hin und wieder fragen: Ist das noch Kunst? Aus eigener Erfahrung kann ich sagen: Gerade wenn man mit leeren Händen dasteht, kann Meditation manchmal unerwartet sich selbst aussprechen und geistige Realität werden. Oder noch viel mehr: In gewissem Sinne muss man jede Meditation ohne feste Vorstellungen und Erwartungen – wie ein unbeschriebenes Blatt – beginnen. Der im fünfzehnten Jahrhundert lebende Philosoph und Theologe Nikolaus von Kues nannte diese Methode *docta ignorantia*, die belehrte Unwissenheit. Das Wesentliche der Meditation stammt nicht vom Meditierenden, sondern aus der geistigen Welt, aus der Zukunft.

Wenn auch Meditieren eine einsame Tätigkeit ist, so handelt man doch nach dem Prinzip: «Einsam, aber nicht allein». Im Gemälde von Beppe Assenza (1905–1985) mit dem Titel *Meditation* ist dies gut veranschaulicht worden.

Der Meditierende sitzt in ruhiger Haltung, die Farben wirken gedämpft, scheinen zur Stille gekommen zu sein. In den unterschiedlichen Grautönen entsteht ein ausgesparter Raum und an der hellen Stelle erscheint ein goldgelbes Antlitz. Der Künstler sagt uns dabei nicht, was es ist: ein Engel, ein Verstorbener oder das höhere Ich? Wesentlich ist, dass ich, um zu meditieren, Abstand von mir selber nehmen muss. Statt mich mit meinem Körper, meinen Leiden, Unzulänglichkeiten und Neigungen zu identifizieren, betrachte ich mich aus einer anderen Perspektive. *Ich schaut mir zu*, schreibt Christian Morgenstern (1871–1914). Eine bemerkenswerte Formulierung. Sie bedeutet nicht nur: Ich betrachte mich, sondern auch: Mein Ich schaut auf mich selbst. Diese Perspektive finden wir im täglichen Leben wieder, wenn wir im Innern zu uns sagen: «Was machst Du denn gerade da?» Es ist ein Merkmal unserer Zeit, dass wir fortwährend die Möglichkeit haben, unser Selbst und unser Handeln von außen wahrzunehmen. Im nachfolgenden Gedicht des Spaniers Juan Ramon Jiménez (1881–1958) ist dieses Thema treffend in Worte gefasst:

> Ich bin nicht ich,
> Ich bin jener, der an meiner Seite geht,
> ohne dass ich ihn erblicke,
> den ich oft besuche,
> und den ich manchmal vergesse.
> Jener, der ruhig schweigt, wenn ich spreche,
> der sanftmütig verzeiht, wenn ich hasse,
> der umherschweift, wo ich nicht bin,
> der aufrecht bleiben wird, wenn ich sterbe.[1]

Abb. 1: «Meditation», Beppe Assenza (1905–1985)

Mit dem Ich als Instrument, das nachdem ich sterbe fortbestehen wird, meditiere ich. Indem wir Tag für Tag mit diesem Instrument arbeiten, fangen wir Schritt für Schritt an, frei von unseren Abhängigkeiten an äußere Umstände zu werden. Auch wenn meine Umstände einschränkend sind, ich lebe! Nicht länger werde ich gelebt. Wir können dies in Bezug auf uns selber auch wie folgt formulieren: Meditation ist der Tropfen, der den Stein aushöhlt. Während wir einerseits von den Hindernissen unserer physischen Einschränkungen, Unzulänglichkeiten und Schwächen Abstand nehmen, verwandeln wir andererseits – in jeweils kleinen Schritten – unsere Konstitution. Gerade deshalb ist Wiederholung das Schlüsselwort für jede Form der Meditation. Und deshalb ist Geduld der ultimative Test für ein meditatives Leben (siehe Kapitel 18 Geduld. Der Prüfstein).

Wirkliche Entwicklung auf dem Gebiet der Meditation erreicht man selten oder nie mit Riesenschritten; vielmehr nähert man sich mit kleinen Schritten dem Ziel, erreicht es jedoch nie endgültig. In der Terminologie der alten Rosenkreuzer wird diese Dynamik mit dem Motto *Festina lente* zum Ausdruck gebracht: Eile mit Weile! Dies sind genau die paradoxen Qualitäten, die für ein meditatives Leben notwendig sind. In der Verlangsamung entwickeln wir Geduld; in der Eile fassen wir gleichzeitig das weit entfernte Ziel ins Auge und lassen es nicht los.

Bevor ich diese Begebenheit konkreter beschreibe, muss ich auf die Namen zweier Persönlichkeiten eingehen, die im zwanzigsten Jahrhundert eine Kunst der Meditation auf hohem Niveau entwickelt haben. Nachdem ich während vieler Jahre mich mit unterschiedlichen Meditationsformen beschäftigt habe, bin ich für mich zum Schluss gekommen, dass die Arbeit dieser beiden zum Wichtigsten gehört, was im vergangenen Jahrhundert auf diesem Gebiet erarbeitet worden ist.

Damit meine ich die jeweils individuelle Arbeit wie auch die Zusammenarbeit Rudolf Steiners, des Begründers der Anthroposophie, und Friedrich Rittelmeyers (1872–1938), der zu den Gründern der Christengemeinschaft gehört. Beide haben, jeder auf seine Art, sich ein Leben lang mit Meditation beschäftigt – Rudolf Steiner mit den Methoden der Anthroposophie, Friedrich Rittelmeyer mit den Methoden der christlichen Einweihung. Sein Lebenswerk *Meditation* zeigt die Früchte dieser intensiven Auseinandersetzung.[2]

Nach dem Tod Rudolf Steiners 1925 blieb Rittelmeyer mit ihm in Kontakt. Ein vielsagendes Beispiel der oben genannten Qualitäten: Wiederholung und Geduld. Diese kamen auch in einem Traum vor, den Friedrich Rittelmeyer vom verstorbenen Rudolf Steiner hatte. Darin sah er sich mit Hammer und Meißel einen Weg durch einen dunklen, engen Tunnel, in die Erde hinein freilegen, als er im Gestein vor sich plötzlich das Hämmern eines anderen Meißels hörte – und die vertraute Stimme Rudolf Steiners, der ihm zurief: «Schlag zu, Rittelmeyer. Ich komme von der anderen Seite!»[3]

Für Rittelmeyer war Meditation mehr als der Tropfen, der den Stein aushöhlt. Mit eiserner Disziplin bahnte er sich einen Weg durch allerhand Widerstände, um dann Antwort und Hilfe aus der geistigen Welt zu erhalten. So wirkt Meditation: Gleiches erkennt Gleiches wieder, wechselseitig.

Eine wichtige Frage dabei ist: Womit will ich mich in Freiheit verbinden? Denn nicht nur unser eigener Versuch, auch der Inhalt einer Meditation gibt die Richtung vor. Unumwunden wird dies im Neuen Testament ausgesprochen, wenn Christus seine Worte zur «Wohnstätte» macht, in der wir Ihn und Gottesvater finden können: «Wenn jemand mich liebt, wird er meine Worte in sich behüten und pflegen und mein Vater wird ihn lieben, und wir werden zu ihm kommen und bei ihm wohnen» (Joh. 14:23). Johannes, dessen Evangelium Frucht lebenslanger Meditation war, verwendete hierfür immer wieder das Schlüsselwort: behüten. Das griechische Wort *teréin* bedeutet: bewachen, Wache halten, in Acht nehmen, befolgen, behüten. Es handelt sich dabei nicht um eine statische Form des Behütens, sondern um einen Lebensprozess, der fortwährend kultiviert wird – kurzgefasst: um eine Form der Meditation. In Kapitel 2, *Vorbereitung zur Meditation*, komme ich darauf zurück. Die Tatsache, dass die Worte eines zu meditierenden Textes uns mit dem Schöpfer dieser Worte verbinden, gilt übrigens auch für das Gebet.

Selbstverständlich wird sich ein Buddhist Buddhas Texten widmen, wenn er sich mit diesem hohen Eingeweihten verbinden möchte. Dabei verbindet uns nicht nur der Inhalt einer Meditation mit deren Schöpfer, sondern auch ihre Form. Eine klassische Meditation hat eine mantrische, in der jedes Wort und jeder Satz seinen eigenen, spezifischen Klang und Rhythmus hat. Das Wort «Mantram» leitet sich ab vom Sanskrit: «Manas» (Geist) und «Trana» (Befreiung) oder «Tram» (Schutz). Die buchstäbliche Bedeutung des Wortes «Mantra» ist: «Schutz des Geistes» oder «Befreiung des Geistes».[4]

Der Orientalist Arthur Avalon (1865–1936), der als Kenner der indischen Mantramlehre gilt, beschreibt ein Mantram mitunter prägnant als: «Kraft in Klangform». In Kapitel 11, *Wortmeditation*, wird dies weiter ausgearbeitet.

Das einleitende Kapitel abschließend möchte ich kurz erwähnen, dass der Begriff Meditation heutzutage für zahllose Aktivitäten benutzt wird – nicht immer in dem von mir in diesem Buch verwendetem Sinne. Unter Meditation verstehe ich eine Form innerer Aktivität, die selbstständig durchgeführt wird. Zwar ist es möglich, Erfahrungen und Übungen auszutauschen, die Kraft jedoch wird nur durch eigene Anstrengung entwickelt.

Rudolf Steiner formuliert es radikal: «Meditation ist entweder schwer oder es ist keine Meditation». Diese Aussage steht ganz in Gegensatz zu zahllosen Formen der «geleiteten Meditation», in denen Texte, Mantren und Musik in gebrauchsfertiger Form angeboten werden. Aus dem Angebot dieses lukrativen Geschäftsfeldes nehme ich nur ein willkürliches Beispiel: Andy Puddicombe, ein englischer Meditnationslehrer, entwickelte eine iPhone-App, mit welcher er Techniken der Meditation und Mindfulness (zu Dt.: Achtsamkeit) unterrichtet. Das Programm *Headspace* (etwa: Der Raum im Kopf) wird heutzutage von drei Millionen Nutzern gehört. Es wird als «a gym membership for the mind» (etwa: Mitgliedschaft in einem Fitnessstudio für den Geist) empfohlen. «It's like having a monk on your smartphone», berichten Nutzer (etwa: Als wenn Du einen Mönch in deinem Mobilgerät hast). In buddhistischen Kreisen gibt es jedoch auch kritische Stimmen, die mit Sorge davor warnen, dass der Buddhismus mit solchen Lehrmethoden vergewaltigt werde: «Es wird unterstellt, man sei für etwas bestimmtes achtsam, und zwar für die Lehre des Buddha!» Dessen Lehre aber ist im Programm von Headspace überhaupt nicht vorhanden. Die Lebensregeln des Buddhismus, zusammengefasst im achtgliedrigen Pfad, sind nicht Bestandteil der durch die App vermittelten Meditationstechnik.

Der buddhistische Lehrer David McMahan stellt folgenden Vergleich an: «Stell Dir vor, jemand geht zur katholischen Kirche und sagt: Mit diesem Unsinn über Jesus und Gott kann ich nichts anfangen, aber die Kommunion möchte ich schon. Kannst Du mir zeigen, wie ich die machen kann? Und ich will eine Fabrik für Hostien errichten …»[5]

Am Ende einiger Buchkapitel werde ich gelegentlich Zitate mit aufnehmen, die erläutern, wie ich zu bestimmten Schlussfolgerungen gekommen bin und weshalb ich wesentliche Ergänzungen hinzugefügt habe. Des Öfteren betrifft dies Ausschnitte aus der Reihe der esoterischen Stunden Rudolf Steiners, die er in den Jahren 1904 bis 1924 innerhalb der sogenannten *Esoterischen Schule* hielt. Die ursprünglichen sieben Bände umfassen über 3500 Seiten.[6]

«Über die Meditation soll man nicht ‹mystisch› denken, aber man soll auch nicht leicht über sie denken. Die Meditation muß etwas völlig Klares sein in unserem heutigen Sinne. Aber sie ist zugleich etwas, zu dem Geduld und innere Seelenenergie gehört. Und vor allen Dingen gehört etwas dazu, was niemand einem anderen Menschen geben kann: daß man sich selber etwas verspreche und es dann halten kann. Wenn der Mensch einmal beginnt, Meditationen zu machen, so vollzieht er damit die einzige wirklich völlig freie Handlung in diesem menschlichen Leben. Wir haben in uns immer die Tendenz zur Freiheit, haben auch ein gut Teil der Freiheit verwirklicht. Aber wenn wir nachdenken, werden wir finden: Wir sind mit dem einen abhängig von unserer Vererbung, mit dem anderen von unserer Erziehung, mit dem dritten von unserem Leben. (...) Wenn wir uns aber vornehmen, abends und morgens eine Meditation zu machen, damit wir allmählich lernen, in die übersinnliche Welt hineinzuschauen, dann können wir das jeden Tag tun oder lassen. Nichts steht dem entgegen. Und die Erfahrung lehrt auch, daß die meisten, die mit großen Vorsätzen an das meditative Leben herangehen, es sehr bald wiederum lassen. Wir sind darin vollständig frei. Es ist dieses Meditieren eine urfreie Handlung. Können wir uns trotzdem treu bleiben, versprechen wir uns – nicht einem anderen, sondern nur uns selber einmal – daß wir diesem Meditieren treu bleiben, dann ist das an sich eine ungeheure Kraft im Seelischen.»[7]

«Nehmen wir also die zwei Fälle an: den gewöhnlichen Menschen, wie er im normalen Leben steht, der vom Morgen bis zum Abend sich den Eindrücken der Außenwelt hingibt, sich demjenigen hingibt, was auf äußere Sinne und Verstand wirkt. Er schläft am Abend ein, sein astralischer Leib geht heraus aus dem physischen Leib. Dieser astralische Leib ist dann ganz hingegeben demjenigen, was während des Tages erlebt worden ist; er folgt der Elastizität des physischen Leibes, nicht seiner eigenen. Etwas anderes ist es aber, wenn der Mensch durch Meditation, Konzentration und durch andere Übungen, welche zum Behufe der höheren Erkenntnis gemacht werden, während seines Tageslebens starke Wirkungen auf seine Seele, das heißt auf seinen astralen Leib und Ich erlebt, wenn er also gewisse Zeiten hat, die er sich aussondert vom gewöhnlichen Tagesleben, in denen er etwas ganz anderes tut als im gewöhnlichen Tagesleben;

wenn er sich in besonderen Zeiten nicht hingibt demjenigen, was ihm die äußere Welt für die Sinne, für den Verstand sagen kann, sondern wenn er sich hingibt demjenigen, was eine Kunde und ein Ergebnis der geistigen Welten ist. Wenn er also in Meditation, Konzentration und anderen Übungen einen, wenn auch noch so kurzen Teil des tagwachen Lebens hinbringt, dann wirkt das auf seine Seele so, daß der astralische Leib in der Nacht, wenn er aus dem physischen Leibe heraustritt, die Wirkungen dieser Meditation, Konzentration und so weiter erfährt und dadurch anderen Elastizitäten folgt als jenen des physischen Leibes. Die Methoden zur Erlangung der hellseherischen Forschung bestehen daher darin, daß die Lehrer dieser Forschung all das Wissen anwenden, das ausprobiert worden ist seit Jahrtausenden des Menschenlebens an Übungen, an Meditationen und Konzentrationen, die während des Tageslebens vorgenommen werden müssen, damit sie dann ihre Nachwirkungen im Nachtleben haben so, daß der astralische Leib sich umorganisiert.»[8]

Ehrenfried Pfeiffer (1899–1961), ein intimer esoterischer Schüler Rudolf Steiners, erläutert, wie die Vielfalt der Meditationen gegeben wurde, um möglichst vielen Menschen von unterschiedlichen Seiten her einen Zugang zum Geistigen zu verschaffen. «Im Grunde ist nur ganz Weniges nötig – etwas, das getreu durch Jahre durchgetragen und durchlebt wird. Dr. Steiner gab seinen persönlichen Schülern kurze Meditationen mit dem Hinweis, sie täglich morgens und abends zu wiederholen, um geistig zu erwachen.»[9]

2 Vorbereitung zur Meditation
Hilfe und Hindernisse

«Es ist wohl gerade in unserer aufgeregten Epoche nötiger denn je, den Blick aus dem Alltag zu heben und ihn von der Tageszeitung weg auf jene ewige Zeitung zu richten, deren Buchstaben die Sterne sind, deren Inhalt die Liebe und deren Verfasser Gott ist.»[10]
Christian Morgenstern

Ich bin in meinem Leben noch nie einem Menschen begegnet, der behaupten konnte, meditieren sei einfach. Das mag ein dürftiger Trost für jeden sein, der sich mit Hindernissen auseinanderzusetzen hat. In den Kursen und Unterrichtsstunden, die ich durchführte, war es jedoch für die Teilnehmer oft eine Erleichterung zu hören, dass erfahrungsgemäß jeder Hindernissen auf seinem Weg begegnet; wahre Meditation geht den Weg des größten Widerstandes.

In Einzeln- und Gruppengesprächen mit den Studierenden zeigte sich wiederholt, dass die folgenden Faktoren eine Hilfe für die Meditationspraxis sein können

Physische Faktoren: Ein eigener Platz zum Meditieren
Ein ruhiger, aufgeräumter Raum
Kein grelles Licht, nicht zu dunkel
Nicht zu heiß, nicht zu kalt
Ausgeruht sein, in guter körperlicher Verfassung
Regelmäßigkeit und Rhythmus, feste Zeiten

Mentale Faktoren: Innerliche Ruhe
Ausgeglichene Gefühlslage
Klare Gedanken
Körper und Geist im Gleichgewicht

                    Dankbarkeit
                    Geduld, Gelassenheit
                    Das Kultivieren der Verbindung
                        mit Verstorbenen

Hindernisse: Zu viel Ablenkung
                    Zeitdruck, Stress
                    Müdigkeit, Erschöpfung
                    Unruhe, Chaos, Lärm
                    Negative Emotionen, Konflikte
                    Schmerz, Unwohlsein
                    Ungeduld, zu vieles wollen

Ganz oben auf der Liste der Hindernisse steht heutzutage oft die Ablenkung durch Telefon, Computer und sonstige Medien.

Die größten Hindernisse jedoch entstehen durch unterschiedliche Suchtformen. Obwohl Rudolf Steiner kaum Vorschriften zur Lebensweise oder zu Lebensregeln gegeben hat, war er radikal in Bezug auf den Alkoholkonsum:
Der Genuss von alkoholischen Getränken sei streng ausgeschlossen, weil nach okkulten Erfahrungen ein solcher Genuss die spirituellen Organe zerstöre und alle Anstrengungen der Zöglinge und Leiter unmöglich mache.[11]
In diesem Brief gibt er übrigens zwei weitere praktische Ratschläge:
– «Man soll ein Notizbuch führen, in das man täglich mit ein paar Worten einträgt, wie die Morgen- und Abend-Meditation gelungen ist, und aus dem man über Aufforderung den Leiter der Schule von seinen Fortschritten verständigt.»[12]
– «Die Enthaltung von Fleischspeisen ist *nicht* geboten, wird aber angeraten, weil sie die Erreichung der Ziele der esoterischen Schule fördert.»[13]

In seinem wichtigsten Werk zur Meditation und innerlichen Schulung, *Wie erlangt man Erkenntnisse der höheren Welten?*, spricht Rudolf Steiner von körperlicher und geistiger Gesundheit als den wichtigsten Voraussetzungen für den Schulungsweg – nicht im absoluten, sondern im relativem Sinne:

«Die erste Bedingung ist: Man richte sein Augenmerk darauf, die körperliche und geistige *Gesundheit* zu fördern. Wie gesund ein Mensch ist, das hängt zunächst natürlich nicht von ihm ab. Danach trachten, sich nach dieser Richtung zu fördern, das kann ein jeder. (...) Bei ihm [der Geheimschüler] kann der Genuß nur ein *Mittel* für Gesundheit und Leben sein.»[14]

Gelegentlich wird in Kreisen von Menschen, die Meditation pflegen, das Motto aus der antiken römischen Kultur übersehen: mens sana in corpore sano, ein gesunder Geist in einem gesunden Körper. Eine einseitige Fokussierung auf geistige Schulung, ohne Beachtung der Bedürfnisse von Körper und Seele, wirkt auf Dauer ungesund. Dies hört sich abgedroschen an in einer Zeit, in der alle Aufmerksamkeit auf den physischen Leib gerichtet wird. Der Dichter Christian Morgenstern formuliert das Gleichgewicht auf originelle Art: «Sorge für deinen Leib – aber nicht so, als ob es deine Seele wäre!»

Schon allein das Wort Meditation zeigt, dass es sich um die Suche nach einer Mitte handelt. Das lateinische Wort *meditatio* leitet sich vom Wort «medium» ab – Mitte. *Meditatio* bedeutet: ich überlege, ich wäge ab. Es bedeutet ebenfalls Übung, Gespräch im Innern. In allen Anwendungen des Wortes geht es um eine Bewegung nach innen, hin zur eigenen Mitte. Eine buchstäbliche Beschreibung der Qualität der Mitte findet sich in einem Satz im Lukasevangelium. Darin verwendet der Evangelist eine klar wahrnehmbare Bildsprache für Meditation. Sein Vorbild ist Maria, die die Eindrücke der Welt um sie herum verinnerlicht und sich zu Herzen nimmt. Als die Hirten den neugeborenen Jesus anschauen, reden sie davon – sehr zum Erstaunen derjenigen, die es hören. Maria aber «behütete alle diese Worte und bewegte sie in ihrem Herzen». (Lukas 2:19) Genau wie in der zuvor erwähnten Textstelle des Johannesevangeliums wird hier das Wort *terei* verwendet, das andeutet, dass etwas aufgehoben, liebevoll gepflegt und weiterentwickelt wird. Wo? «In den Überlegungen ihres Herzens». Auch das griechische Wort für überlegen, *sumballein*, zeigt, dass es sich um einen dynamischen Prozess handelt – nicht um ein statisches Aufheben. Die Worte, die Maria vernimmt, werden im Herzen gewogen und liebevoll gepflegt. Für die Mystiker des Mittelalters war Maria die Schutzpatronin der Meditation.

Durch Meditation erreichten die Mystiker einen Zustand, in dem das Heute und die Ewigkeit sich ineinanderfügten: *nunc aeternam*, das ewige Jetzt, war ihr Ausdruck dafür. Dieser Zustand des Seins wird erreicht, wenn das Herz zu denken anfängt. Der Philosoph Blaise Pascal (1623–1662) beschreibt seine mystische Erfahrung mit den Worten: *Le coeur a ses raisons, que la raison ne connait point*: Das Herz hat seine Gründe, die der Verstand nicht kennen kann.

Im Gleichnis vom Sämann (Lukas 8:4–20) spricht Jesus Christus von diesem «Maria-Geheimnis» der Seele. Es fängt zu wirken an, wenn wir seine Worte in uns aufnehmen und ihnen Nährboden verschaffen. Im Gleichnis des Sämannes ist die Saat das göttliche Wort. Die Verwendung unterschiedlicher Präpositionen deutet an, auf welche Weise das Wort verkümmert, wenn es nicht von der Seele aufgenommen wird. *Seitlich* des Weges, *auf* den felsigen Grund, *inmitten* der Dornen – es sind Stellen, an denen kein Nährboden vorhanden ist. Nur die Saat, die *in* die gute Erde fällt, trägt hundertfache Frucht. Die Worte Christi, der Logos, können nur gedeihen, wenn wir sie «in einem edlen und guten Herzen behüten, damit sie in Beharrlichkeit Früchte tragen» (Lukas 8:15).

Von Neuem wird der Ort angedeutet, wo Meditation seinen Nährboden findet: im Herzen. Damit ein Wort, ein Satz, ein Bild einer Meditation fruchtet, braucht es – wie beim Pflegen einer Pflanze – Ausdauer und Geduld (Lukas 8:4–20). Das griechische Wort für Geduld *hypo-mone* bedeutet buchstäblich: darunterbleiben, eine Aufgabe auf die Schulter nehmen und darunterbleiben, so lange bis das Werk zu Ende gebracht ist. Geduld ist der Prüfstein der Meditation.

Am Ende des Gleichnisses vom Sämann erscheinen die Mutter und die Brüder Jesu. Ein weiteres Mal zeigt Er, was notwendig ist, um wie Maria *und* wie seine Brüder zu werden: «Meine Mutter und meine Brüder sind die, welche das Wort Gottes hören und es in ihren Taten verwirklichen» (Lukas 8:21). Marias Geheimnis der Seele ist: das Wort zu hören. Neben dieser weiblichen Qualität der Seele ist auch eine männliche Qualität erforderlich: nach dem Worte handeln. Als Einziger der Evangelisten fügt Lukas diesem Gleichnis, welches auch bei Matthäus und Markus beschrieben ist, hinzu: «Achtet also darauf, wie ihr zuhört». Diese Anweisung ist für das Meditieren von entscheidender Bedeutung. Der Inhalt einer Meditation setzt sich zusammen aus dem Text, den Worten und den Bildern. In gewissem Sinne kann man alles, dem man im Leben begegnet, zur Meditation nutzen. Zwar ist der Inhalt einer Meditation nicht beliebig (ich komme darauf zurück in den Kapiteln 10 Bildmeditation und 11 Wortmeditation), doch ausschlaggebend ist die Frage: Wie gehe ich damit um? Die Frage *Wie höre ich zu?* ist entscheidend für alles, dem wir im Leben begegnen.

Ein vertieftes, unvoreingenommenes Zuhören ermöglicht nicht nur das Verständnis der Mitteilung, sondern diese Qualität des Zuhörens ermöglicht es dem Sprechenden, sich ganz ohne Scheu zu äußern.

Das Wort Meditation ist noch in einem anderen Zusammenhang eine Sache der Mitte. Oft wird – mir scheint zu sehr – betont, dass Meditation eine Aktivität sei, die mit der höchsten Konzentration und größter Anstrengung anzugehen sei. Meditation ist nicht nur eine Frage der Aktivität, sondern auch von Empfänglichkeit. In der Pendelbewegung dieser beiden geschieht das Wesentliche.

Einerseits verlangt Meditation nach Bewusstseinsanstrengung: Fokussierung, Konzentration, klarem Denken und

Wachsamkeit. Nach der Anstrengung kann sich in der Windstille der Empfänglichkeit die geistige Welt zu Wort melden – und hinzufügen, was unseren Bemühungen noch fehlt. Oft geschieht das Wesentliche nicht während, sondern nach der Meditation, wenn wir uns «leer machen». In die Stille hinein, in die Leere hinein strömt die Wirklichkeit des Geistes: Ich bin bei dir. Ich lass dich nicht allein.

«In dem einsamen Denken liegt wiederum die luziferische[15] Verlockung; in dem bloßen Hinhorchen, in dem bloßen Wahrnehmen liegt das ahrimanische Element. Man kann aber einen mittleren Zustand einhalten, sozusagen zwischendurchgehen. (…) Man kann noch ein anderes tun, indem man das, was man denkt, innerlich so lebendig macht, so kraftvoll macht, dass man den eigenen Gedanken wie etwas Lebendiges vor sich hat und in ihn lebendig sich vertieft wie in etwas, was man draußen hört und sieht, so dass der eigene Gedanke so konkret wird wie das, was man hört oder sieht. Das Meditieren ist ein mittlerer Zustand. Es ist weder Denken noch Wahrnehmen. Es ist ein Denken, das so lebendig in der Seele lebt, wie das Wahrnehmen lebendig lebt, und es ist ein Wahrnehmen, das nicht Äußeres, sondern Gedanken in der Wahrnehmung hat.»[16]

«Das Hauptgewicht bei aller Esoterik, bei aller inneren Entwicklung ist darauf zu legen, Windstille, innere Ruhe herzustellen und zu bewahren nach der eigentlichen Meditation. Nachdem wir die Formeln oder anderen Verrichtungen, die uns die Meister der Weisheit und des Zusammenklanges der Empfindungen für unsere Schulung gegeben haben, in unserer Meditation vorgenommen haben, sollen wir noch eine Weile in absoluter Ruhe verharren. Nichts von unserem alltäglichen Leben, keine Erinnerung daran, nicht einmal ein Gefühl unseres Körpers soll da hinein dringen. Körperlos müssen wir uns fühlen, wie leer; auch die Gedanken an unser eigenes Dasein müssen wir fallenlassen, nur den Tat-

bestand des eigenen Daseins sollen wir gelten lassen. (...) Dann tritt der Zustand ein, in dem Hellsichtigkeit beginnen kann. Was in solchen Augenblicken vor unserem inneren Blick auftaucht, kommt aus der geistigen Welt.»[17]
(Rudolf Steiner bezeichnet die großen Eingeweihten gelegentlich als Meister der Weisheit und der Gefühlsharmonie)

3 Woher kommt Ruhe?

Stille: Dreh- und Angelpunkt unserer Existenz
Adriaan Roland Holst (1888–1976, niederländischer Schriftsteller und Dichter)

Der Titel dieses Kapitels war in den früheren Ausgaben noch: «Woher nehme ich Ruhe?» Jetzt, zwanzig Jahre später, muss ich es anders formulieren. Zwar kann ich versuchen, Ruhe zu erzeugen, das Ergebnis eines Versuches aber ist noch keine wirkliche Ruhe. In gewissem Sinne ist Ruhe überall und nirgendwo. Unsere Welt wird von Unruhe überflutet. Nicht nur müssen wir, um Orte äußerer Ruhe zu finden, weit reisen, sondern es ist gleichzeitig geradezu so, als ob sich Unruhe heute überall ausbreitet. Diese Unruhe ist das größte Hindernis, um zum Meditieren zu gelangen. «Über den Wassern deiner Seele schwebt unaufhörlich ein dunkler Vogel: Unruhe», schreibt Christian Morgenstern. Vielleicht war diese Aussage zu Beginn des zwanzigsten Jahrhunderts noch nicht für jeden zu verstehen; in unserer Zeit ist Unruhe allgegenwärtig. Nur noch ein in der Meditation erfahrener Mensch ist in der Lage, inmitten des Chaos einer Großstadt, aus innerer Ruhe heraus zu meditieren.

In den Fünfzigerjahren des letzten Jahrhunderts arbeitete Rudolf Frieling, einer der Gründer der Christengemeinschaft, in der Stadt New York. Ein englischer Kollege, der ihn besuchte, fragte ihn: «Wie ist es möglich, im Grossstadtdschungel von New York zu meditieren?» Rudolf Frieling antwortete: «Wenn du nicht lernst, hier, in der Grand Central Station *(der riesige Hauptbahnhof New Yorks, BB)*, zu meditieren, wirst du es nie erlernen.»
Im Jahr 2018 wurde in Manhattan gegenüber der Christengemeinschaftskapelle ein riesiger Gebäudekomplex abgerissen, begleitet vom täglichen Lärm der Explosionen, der

Drucklufthämmer und Baumaschinen. Inmitten dieses ohrenbetäubenden Lärms wurde werktags die Menschenweihehandlung[18] zelebriert – jede Woche von Neuem bedeutete dies eine Herausforderung für die Priester und die Gemeinde. Ist es möglich, unter solchen Umständen eine tiefere Ebene der Ruhe, wie in der idyllischen Stille ländlichen Lebens, zu finden? In Zukunft wird es notwendig werden, im Chaos der äußeren Existenz innezuhalten und den Worten des Dichters selbst zur Wirklichkeit zu verhelfen; *Stille: Dreh- und Angelpunkt unserer Existenz.*

Ich habe Jahre gebraucht, von dieser Qualität des Innehaltens etwas zu realisieren. Im Folgenden beschreibe ich einige Übungen, die mir geholfen haben, Ruhe zu finden.

Mein Ausgangspunkt war in vielen Variationen die Wahrnehmung eines Naturphänomens, das sich im Ruhezustand befindet. Ein Eindruck, der fast überall auf Erden gefunden werden kann, ist der blauer Luft oder der eines bewölkten Himmels. Man kann sich diesen Eindruck zu eigen machen, indem man dann und wann die Farben am Himmel tief in sich aufnimmt. Wenn man das transparente Himmelsblau für eine Weile wahrgenommen hat, schließe man die Augen und versuche, sich die Farbe innerlich vorzustellen. Von dieser Vorstellung aus geht man wieder einen Schritt zur Wahrnehmung zurück (stimmt die Vorstellung überein mit dem, was ich sehe?), so lange bis man es schafft, das Himmelsblau zu visualisieren. Mit der Zeit gelingt es einem, diesen Eindruck unabhängig einer vorangegangenen Wahrnehmung hervorzurufen. Man kann sich mit der Farbe wie mit einem unsichtbaren Mantel umhüllen. Das erzeugt nicht nur Ruhe, sondern vom Himmelsblau geht zudem eine vitalisierende Wirkung aus. Der Schriftsteller Albert Steffen hat diese Erfahrung auf originelle Art beschrieben: «Man sollte wissen, dass man die Harmonie, die das Blau des Himmels ausströmt, sich aneignen kann dadurch, dass man das Blau in sich trinkt, nur ihm sich hingibt und sich von allem andern abwendet. ‹Ich habe heute nur nicht genug Blau eingenommen›, könnte man sagen, wenn man die Zerstreutheit und Ungeduld in sich etwas prüfen wollte, und um sie loszuwerden, bräuchte man bloß eine Minute lang die Augen hoch zu heben. Wenn ich auf diese Art einen glühenden Sonnenuntergang erlebt habe, so ist es mir immer, als wenn ich Wein getrunken hätte. Mein Mut ist gewachsen, mein Selbstvertrauen erstarkt und die Gedanken fliessen mir leichter. Nur kommt kein Kater nach, und die Wirkung ist eine dauernde.»[19]

Das Wahrnehmen der Wolken am Himmel bringt uns in eine andere Dimension von Zeit und Raum. Folgt man den trägen Bewegungen der Wolken und versetzt sich in sie hinein, betritt man eine Welt unaufhörlicher, allmählicher Veränderung. Ein vorzügliches Mittel zur Entschleunigung!

Der deutsche Dichter Hermann Allmers (1821–1902) brachte in seinem Gedicht *Feldeinsamkeit* zum Ausdruck, wie man – indem man den Blick auf die Wolken am Himmel lenkt – in einer Welt des «ewigen Jetzt» anzukommen vermag:

> *Ich ruhe still im hohen, grünen Gras*
> *und sende lange meinen Blick nach oben,*
> *von Grillen rings umschwirrt ohn' Unterlaß,*
> *von Himmelsbläue wundersam umwoben.*
>
> *Die schönen weißen Wolken ziehn dahin*
> *durch's tiefe Blau, wie schöne stille Träume –*
> *mir ist, als ob ich längst gestorben bin,*
> *und ziehe selig mit durch ew'ge Räume.*

Der Komponist Johannes Brahms (1833–1897) vertonte diesen Text in einem Lied, das die Zuhörer wie von selbst in eine Welt zeitloser, «ewiger Räume» hineinführt.

Eine andere Naturwahrnehmung, die Ruhe in Bewegung und Bewegung in Ruhe bringt, ist das Betrachten von Wasser.

Im Urlaub verpasse ich nie die Gelegenheit, stundenlang am fließenden Wasser eines Baches oder Wasserfalles zu sitzen und mit all meinen Sinnen die Eindrücke aufzunehmen: die silbrig glänzende Oberfläche des Wassers, die wie Perlen aufspritzenden Tropfen, die Kühle des Wassers, die gluckernden, singenden Geräusche des Baches oder das ununterbrochene Rauschen des Wasserfalles ... Das Spiel von Sonne, Schatten und Wasser hat etwas Bezauberndes. Ebenso wie bei der Wahrnehmung der Himmelsbläue, schließe ich von Zeit zu Zeit meine Augen und sehe in meiner Vorstellung die Bilder vorbeiziehen. Wenn man solche Natureindrücke in die Nacht hineinnimmt, fühlt man sich am nächsten Morgen erfrischt und erholt.

Gelegentlich führten mich diese Eindrücke bis an oder gar über die Grenze der äußeren Wahrnehmung, in ein Gebiet, wo die Natur «wesentlich» wird.[20]

Die Ruhe ist nicht allein in der Natur anwesend, sondern auch in den tieferen Schichten der menschlichen Seele. Der niederländische Dichter Jan Slauerhoff (1898–1936) hatte ein rastloses, umherschweifendes Leben geführt und war mit dieser Tiefe vertraut. Vermutlich war sie seine Inspirationsquelle für sein Gedicht:

In meinem Leben

In meinem Leben – stets zerrissen
von den Böen, denen ich ausgeliefert bin,
weil an Liebe und Glück ich mich nicht binden kann,
sie werden mich treiben, bis zum Tode hin –
entstehen gelegentlich plötzlich einige Orte
von einer Stille so unberührt
dass ich glaube, eingeschlafen zu sein
in den Tiefen, wo keine Unterströmungen
durch ewig ruhend Wasser gehen.

Es ist ein ermutigender Gedanke, zu wissen, dass in jedem Menschen – und wenn sein Leben noch so oberflächlich oder rastlos verläuft – eine Dimension ungekannter Ruhe verborgen liegt.

Aus eigener Erfahrung weiß ich, dass es möglich ist, mittels der eigenen Ruhe, ohne Worte, ohne Gebärden, diese Dimension hervorzurufen. In der einfachsten Form geschieht dies bereits, wenn man als Erwachsener eine Gruppe Kinder beruhigen soll. In der nonverbalen Wechselwirkung wird Gleiches vom Gleichen nicht nur erkannt, sondern auch hervorgerufen.

In unterschiedlichen Meditationen hat Rudolf Steiner an die Fähigkeit der Ruhe appelliert – nicht um diese zu schaffen, sondern um in jenes Gebiet einzudringen, in dem Ruhe immer anwesend ist:

> Ich trage Ruhe in mir,
> ich trage in mir selbst
> die Kräfte, die mich stärken.
> Ich will mich erfüllen
> mit dieser Kräfte Wärme,
> ich will mich durchdringen
> mit meiner Willens Macht.
> Und fühlen will ich,
> wie Ruhe sich ergießt
> durch all mein Sein,
> wenn ich mich stärke,
> die Ruhe als Kraft
> in mir zu finden
> durch meines Strebens Macht.[21]

Weniger bekannt ist die Überarbeitung eines Textes aus der jüdischen Mystik des sechzehnten Jahrhunderts, die Rudolf Steiner für seine Schülerin und Mitarbeiterin Ita Wegman (1876–1943) aufgeschrieben hat. Das Original dieses Textes wurde bis heute nicht gefunden. Wahrscheinlich benutzte Rudolf Steiner eine Überarbeitung des französischen Schriftstellers Eliphas Lévi, der den Text in seinem Buch *Dogme et rituel de la haute magie* (Paris 1861) veröffentlicht hatte:

> In dir lebt das Menschenwesen,
> das Gott von Angesicht zu Angesicht schauet, das ewig ist,
> und das im Kreise der sieben grossen Geister ist.
> Es ist über allem, was in dir
> zornig oder furchtsam ist.
> Es herrschet mit den Kräften der höhren Welt.
> Und ihm dienen die Kräfte der untern Welt.
> Es verfügt über sein eigenes Leben und seine
> eigene Gesundheit und kann das auch bei andern tun.
> Es kann von nichts überrascht; von keinem Missgeschick überwältigt werden; es kann nicht in Verwirrung gebracht und
> nicht überwunden werden.
> Es kennt die Wesenheit des Vergangenen, Gegenwärtigen und Zukünftigen.
> Es hat des Geheimnis der Erweckung vom Tode und der Unsterblichkeit im Besitz.[22]

Möglicherweise ist in diesem Text die tiefste Dimension der Ruhe verfasst worden: Mit einem Teil unseres Wesens stehen wir souverän über aller Unruhe, Angst und allem Untergang. Diese Fähigkeit werden wir in Zukunft mehr denn je brauchen, um in einer chaotischen Welt bestehen zu können. Ruhe ist kein Luxusprodukt, mit dem wir uns in einen Elfenbeinturm zurückziehen können, während die Welt in Flammen steht. Mit dem Mantel der Ruhe können wir alles zudecken, was nach Ruhe verlangt.

«Der esoterische Schüler soll sich eine Viertelstunde Ruhe verschaffen, absolute geistige Ruhe durch seinen Willen, auch im größten Lärm. Er kann diese geistige Ruhe besser durch seinen Willen in der Stadt im Lärm erreichen als in der größten Abgeschiedenheit auf dem Lande, da es eben auf die Kraft des Willens ankommt. Er soll sich die innere Ruhe dadurch verschaffen, daß er sich in sich selbst zurückzieht und die Geräusche in immer weiterer Ferne verschwinden läßt.
Nicht nur gereicht die Meditation dem Meditanten selbst zum Segen, sondern das, was in ihr erarbeitet wird, geht zurück in den Kosmos und gereicht so der ganzen Welt zum Nutzen.»[23]

«Es ist schon öfters in esoterischen Betrachtungen gesagt worden, wie der Meditant nach der Meditation vollständige Ruhe in seiner Seele eintreten lassen muss. Zuerst spielt noch in die Seele hinein die Meditation wie ein Ton, der langsam verklingt. Dann muss auch dieser aus der Seele verschwinden. Leer, ganz leer muß die Seele werden zur Aufnahme der geistigen Welten. In Geduld und Ausdauer muss man dies üben. Man muss ruhig bleiben, auch wenn man lange Zeit nichts erlebt. Man muss sich freuen, daß einem überhaupt diese Ruhe gelingt.
Ohne dass man es vorerst weiß, kann man in solchen Augenblicken, die am fruchtbarsten für die Entwicklung sind, etwas erleben. Man kann das Gefühl haben: jetzt habe ich etwas erlebt. Wie ein Traum nur kann es erscheinen. Aber noch in anderer Weise können Erlebnisse an den Esoteriker herankommen. Wenn wir uns am Morgen erhoben haben und an unsere alltäglichen Beschäftigungen gehen, dann kommt es vor, dass wir plötzlich die Empfindung haben: jetzt habe ich etwas erlebt. Auf diese Augenblicke sollen wir die größte Aufmerksamkeit verwenden, denn nach einiger Zeit wird ein anderes Gefühl hinzukommen; wir empfinden: diesen Gedanken hast du nicht selbst gedacht.

(...) Denn in diesem Augenblick haben wir nicht selbst gedacht, nicht unser gewöhnliches Ich hat gedacht, sondern das hat gedacht, was als das göttliche Denken durch alle Zeiten und Ewigkeiten hindurchgeht.
Es denkt mich – das große Weltendenken denkt mich. Esoterisch ist das ausgedrückt im ‹Hüter der Schwelle›: ‹In deinem Denken leben Weltgedanken.› Esoterisch sagt man: Es denkt mich.»[24]

4   Woher kommt Ehrfurcht?

VON DER EHRFURCHT I

Du sollst es einsam sein lassen
die Saat, die sich schlafend gelegt
und die schon Keim bildet.

Dieses uranfängliche Bewegen
des Lebens innerhalb des Lebens
vermeide ihm zu nähern.

Belasse es still in seiner Würde,
Saat in dunkler Erde;
Saat in dunkler Erde.

Und es wird grün erwachen.

Ida Gerhardt (1905–1997), niederländische Dichterin[25]

Mit Ehrfurcht werden wir zu Hirten,
aber mit der Regel der inneren Ruhe
steigen wir auf zum Stand der Könige

Karl König (1902–1966)

Ruhe und Ehrfurcht sind die grundlegenden Stimmungen, die die Grundlage jeder Meditation bilden – in allen Phasen des meditativen Lebens. Rudolf Steiner widmete die ersten 24 Seiten seines Schulungsbuches *Wie erlangt man Erkenntnisse der höheren Welten?* diesen zwei Themen. Das grundlegende Gefühl der Ehrfurcht muss zum «Mittelpunkt unseres Seelenlebens» werden. Wiederum ist die entscheidende Frage: Woher kommt Ehrfurcht? Ist diese Fähigkeit irgendwo in der Seele aufzufinden? Zunächst schlägt Steiner vor, sich selbst zu befragen und zu untersuchen, ob man als Kind etwas erlebt hat, das ein Gefühl von Ehrfurcht und Ergriffenheit in einem hervorgerufen hatte. Vor Studenten und Kursteilnehmern habe ich diese Frage mehrfach aufgeworfen.

Fast jedem gelang es, sich an ein Ereignis aus seiner Kindheit oder Jugendzeit zu erinnern, das ein Gefühl der Ehrfurcht hervorrief. Mal waren es Begegnungen mit Menschen, mal Ereignisse oder Natureindrücke, die einen mit Achtung erfüllten. Schaut man im späteren Alter auf diese Eindrücke zurück, steigt oft dieses Erfuhrchtsgefühl wieder auf – zusammen mit der Dankbarkeit, es erlebt haben zu dürfen.

Als Kind hatte ich das Glück, Menschen zu begegnen, die mir vorlebten, wie man ehrfurchtsvoll mit Menschen, Tieren, Pflanzen und sogar mit der Materie umgehen kann. Außerdem suchte ich als Kind regelmäßig einen stillen Ort in der Natur auf, wo ich das Spiel von Licht und Schatten, Wasser und Wind stundenlang beobachtete. Die Eindrücke aus diesem Zeitraum meiner Kindheit sind so stark, dass ich noch heute mühelos in Gedanken an diesen Ort zurückkehren kann.

In bemerkenswerten Worten macht Rudolf Steiner klar, welche innerliche Bewegung notwendig ist, um den Weg der Ehrfurcht zu beschreiben: «Eingeweihte fanden die Kraft, zu Erkenntnishöhen aufzusteigen, weil sie ihre Herzen in die Tiefen der Ehrfurcht und Frömmigkeit führten. Geisteshöhe kann nur erreicht werden, wenn jemand durch die Pforte der Demut geht.»

Eine meiner Kolleginnen hat an einem entscheidenden Augenblick ihres Lebens die Wirklichkeit dieser Gesetzmäßigkeit fast greifbar erlebt. In der Nacht bevor sie die Weihe zur Priesterin der Christengemeinschaft empfing, träumte sie, dass sie sich zusammen mit einer großen Anzahl Priester im Vorraum einer Kirche befand. Einer nach dem anderen liefen die Priester wie in einem Strom durch eine Pforte in den Kirchenraum hinein. Während die Kirche sich füllte, leerte sich der Vorraum – bis sie schließlich alleine vor der Pforte stand.

Plötzlich fing die Pforte an, kleiner und kleiner zu werden, bis nur noch eine ganz schmale Öffnung übrig war, die bis an ihre Knie reichte. Erstaunt rief sie laut: «Muss ich da hindurch?» Sogleich ging sie durch die schmale Pforte – wie durch ein Nadelöhr. «Und dann kam ich in einen Raum, so groß, so überwältigend ... und da war nichts als Licht.»

Obwohl unser Zeitalter fortwährend zur Kritik neigt, kann ein einziger Eindruck von Ehrfurcht gelegentlich tiefe Spuren im Leben eines Kindes hinterlassen. Womöglich hilft ein solcher selbst erfahrener Eindruck im späteren Alter zu verstehen, was Ehrfurcht bedeutet.

Ein witziges Ereignis in der Familie eines Kollegen mag dies verdeutlichen. Sein noch junger Sohn hatte einmal einen Schulfreund zum Spielen nach Hause mitgenommen. Und mein Kollege hatte einen Zettel an seine Tür gehängt: *Nicht stören*. Sein Sohn wusste, dass dies ein sich täglich wiederholendes Ritual war: Der Priester meditierte sein Brevier. Der Schulfreund, neugierig, was sich wohl hinter der Tür befindet, fragte: «Kann ich da hinein?» «Nein», war die Antwort. «Was passiert da?». «Da sitzt mein Vater. Er spricht mit Gott.» Daraufhin riss der Schulfreund die Tür auf, schaute hinein, schloss sie sofort wieder und stellte fest: «Er tut es (wirklich)!» Ein einziger Blick auf das Geschehen hinter der Tür hatte genügt.

In meinem Leben bin ich in Bezug auf Frömmigkeit einem Genie begegnet. Magdalene von Gleich, die zu den Pionieren der Waldorfbewegung gehört, pflegte täglich zu Gott zu sprechen – und dann und wann erhielt sie buchstäblich eine Antwort. Mit ihrer großen Sensibilität für kommende Ereignisse träumte sie einmal, dass eine geliebte Freundin die Erde verlassen würde. In ihrem Traum klingelte es an der Tür. Die Freundin, die jahrelang in einem Rollstuhl gesessen hatte, stand davor und rief: «Magdalene, jetzt bin ich wieder ganz gesund!» Aus Erfahrung wusste Magdalene, dass dies eine Andeutung sei, ihre Freundin würde sterben. *Du bist der Tod und machst uns erst gesund*, schreibt der Dichter Novalis (1772–1801). Nach diesem Traum blieb Magdalene noch lange wach. Kurz vor Mitternacht ging sie, aus einem Impuls heraus, in den Flur des Pflegeheims, in dem sie mit 26 Senioren wohnte, und entdeckte einen Brand. Als Erste alarmierte sie die Feuerwehr und wurde als einer der Letzten aus dem brennenden Haus gerettet. Ihre Freundin und sechs weitere Menschen kamen in den Flammen um. Ihre geliebte Freundin vermissend, fragte sie Gott: «Warum hast Du mich nicht gehen lassen?» Umgehend erhielt sie Antwort: «Weil Du noch nicht genug gelitten hast.» Selbst wäre sie nie auf diese Antwort gekommen – aber es half ihr, in den darauffolgenden Jahren täglich mit dem Gebet *Dein Wille geschehe* zu leben.

Nach dem Tode von Magdalene von Gleich erzählte einer ihrer Bekannten: «Wann immer sich Magdalene einer Gesellschaft anschloss, änderten sich die Stimmung und der Ton der Gespräche schlagartig. In ihrer Anwesenheit wäre es einem nicht in den Sinn gekommen, über irgendetwas oder irgendjemanden zu spotten.» Durch diese Frau – und einige Andere – habe ich gelernt, wie Ehrfurcht die Welt um uns herum verändern kann.

Im Mittelalter gab es im deutschen Sprachraum eine vielsagende Bezeichnung für Eingeweihte: Meister Güldenfuß – der Meister mit den goldenen Füßen. Die großen Eingeweihten, die zwischen der irdischen und der geistigen Welt pendeln, hinterlassen auf Erden goldene Spuren. Wer in späteren Zeiten solch einen Ort betritt, der kann – auch wenn es Jahrhunderte später ist – das ätherische Gold erkennen, das sie zurückgelassen haben. Für Rudolf Steiner war dies ein entscheidender Faktor, wenn er Ratschläge in Bezug auf den Standort gab, an dem eine neue Initiative gegründet werden sollte. Hermien Ijzerman, eine Eurythmiedozentin, die zu den Gründungslehrern der ersten freien Waldorfschule in den Niederlanden gehörte, war anwesend, als die Entscheidung zur Gründung dieser ersten freien Schule getroffen werden sollte. Einige Vorstandsmitglieder hatten bereits überlegt, die Schule in Utrecht zu gründen. Als Rudolf Steiner jedoch davon erfuhr, sagte er: «Fangen Sie nicht in Utrecht an. Utrecht ist eine Bischofsstadt.

Fangen Sie in Den Haag an, dort hat Christian Rosenkreutz gearbeitet.»

Die Anwesenheit dieses «größten Eingeweihten des Abendlandes» (ein Ausdruck Rudolf Steiners) hat ein für alle Mal die Aura dieser Stadt gefärbt. Auf diesem geistigen Nährboden konnte die Anthroposophie Wurzeln schlagen.

5   Konzentration, Kontemplation, Meditation

Wer schweigen kann, kann meditieren.
Wer meditieren kann, lebt
im Urgrund der Welt.

Friedrich Benesch (1907–1991)

Bis jetzt wurden die wichtigsten Bedingungen für ein meditatives Leben genannt: Ruhe und Ehrfurcht. Einige anderen Qualitäten, wie Konzentration (Fokus) und Kontemplation (Betrachtung), die im Grunde Teil einer jeden Meditation sind, werden in diesem Kapitel besprochen.

Um im täglichen Leben gut funktionieren zu können, benötigen wir fortwährend die Fähigkeit zur Konzentration. Selten aber machen wir uns klar, wie durch ein intensives meditatives Leben diese Fähigkeit unendlich gesteigert werden kann. Dies wiederum kommt unserem täglichen Leben und unserer Arbeit zugute. Das Wort Konzentration bedeutet buchstäblich: sich selbst in einem einzigen Punkt zu zentrieren. Alle Aufmerksamkeit, alle Aktivität richtet sich auf diesen einen Punkt. Die meisten Tiere sind in ihrer Einseitigkeit Meister der Konzentration. Von Martin Luther ist bekannt, dass er den Hund beneidete, der an seinem Tisch um ein Fleischstück bettelte. «Gerne möchte ich so beten können wie dieser Hund; er denkt an nichts Anderes als an dieses Eine!»

Die Kunst sich zu konzentrieren ist in einigen Kulturen hoch entwickelt – höher als in unserer westlichen Kultur, die sich immer mehr in «Multitasking» verzettelt. In seinem Buch *Focus. The hidden Driver of Excellence* (New York, 2014) stellt der Schriftsteller Daniel Goleman fest, dass Multitasking eine Fiktion sei. Die Forschung habe aufgezeigt, dass wir – statt unseren Fokus auf mehrere Aktivitäten zu richten – fortlaufend unsere Konzentration zwischen unterschiedlichen

Aufgaben umschalten, wodurch volle Konzentration nicht möglich ist.

Vor Kurzem hielt ein koreanischer Dirigent eine Meisterklasse für Dirigenten ab. In Zusammenhang damit stellte er die westliche Gewohnheit, gleichzeitig unterschiedliche Dinge zu tun, an den Pranger. Beim Dirigieren dürfe man sich von nichts und niemand ablenken lassen, sagte er. In seinem Plädoyer für Konzentration bezog er sich daraufhin auf die Anekdote eines Zen-Meisters, der all seine Pfeile ins Schwarze der Zielscheibe schießt. Ein Schüler befragt ihn nach dem Geheimnis seines Erfolgs, doch erhält die Antwort, er solle warten *und* zuschauen. Der Schüler gehorcht und traut sich nie wieder, die Frage erneut zu stellen. Bis der Zen-Meister auf dem Sterbebett liegt. Seine Antwort ist einfach: «Wenn ich schieße, dann schieß ich.» Daraufhin stirbt er.

So einfach ist im Grunde Konzentration: wenn ich laufe, dann laufe ich. Wenn ich sitze, dann sitze ich. Wenn ich meditiere, dann meditiere ich – das ist alles. Rudolf Steiner umschreibt Konzentration noch drastischer: «Zunächst muß der Ausgangspunkt genommen werden von der Sinnenwelt, damit der Mensch sich von der äußeren Welt und von der Menge ihrer äußeren Eindrücke ablenken kann. Seine ganze Aufmerksamkeit selbst in die Hand zu nehmen, das hilft ihm für die höhere Entwicklung. Wenn er imstande ist, auf diese Weise Herr seiner Aufmerksamkeit zu sein, dann muß er imstande sein, sich ganz in den Gegenstand seiner Aufmerksamkeit zu vertiefen, nichts anderes hinzulassen; nur der eine Gedanke muß in ihm leben. (…) Wenn er es so weit gebracht hat, muß neben ihm eine Kanone losgeschossen werden können, ohne daß er abgelenkt wird.»[26]

Verwandt mit dem Begriff der Konzentration ist das, was in den letzten Jahrzehnten unter den englischsprachigen Begriffen «mindfulness» und «presence» (etwa: Achtsamkeit und die volle Geistesgegenwart des unmittelbaren Hier und Jetzt) bekannt geworden ist – häufig aus buddhistischen Übungsregeln entwickelt und angewandt in westlichem Kontext. Der

Begriff *presence* ist durch den amerikanischen Forscher Jon Kabat Zinn (1944) bekannt geworden. Den Begriff presence finden wir ausgearbeitet im gleichnamigen Buch, geschrieben von Peter Senge, Otto Scharmer, Joseph Jaworski und Betty Sue Flower (London, 2005).

Zur Kontemplation ist ebenfalls Konzentration nötig. Allerdings, nicht der Kopf, sondern das Herz ist das Organ, in welchem diese Aktivität stattfindet. Steiner formuliert es so: «Er [der Geheimschüler] muß für diese stille Gedankentätigkeit [Kontemplation] ein *lebendiges Gefühl* entwickeln.»[27]

Die mittelalterlichen Mönchsorden sprachen von einer *vita contemplativa,* (das kontemplative Leben), das sich unterscheidet vom *vita activa* (das aktive Leben). In den Klöstern entwickelte man eine bestimmte Art zu lesen, die lectio divina (göttliches Lesen).

Die *lectio divina* sieht vier Schritte vor: lesen, reflektieren, beten und kontemplieren. Auch wenn die Wurzeln dieser Methode auf den Theologen Origenes (drittes Jahrhundert) zurückgehen, wurde die klösterliche Praxis als solche im sechsten Jahrhundert von Benedikt von Nursia, dem Begründer des benediktinischen Klosterlebens, entwickelt. All diese Dinge: Konzentration, mindfulness, presence, Kontemplation, *lectio divina* sind aber noch keine Meditation – auch wenn diese Begriffe oftmals ohne Unterscheidung und durcheinander benutzt werden.

Bevor wir uns an den Begriff Meditation wagen, möchte ich mit einem Beispiel verdeutlichen, dass viele Wege nach Rom führen – und dass es nichts Schlechtes an den Methoden gibt, die der Meditation vorangehen.

In den Achtzigerjahren lernte ich Fienchen Weissenberg-Seebohm kennen, die als Pionier-Krankenschwester in der Klinik der Ärztin Ita Wegman in Arlesheim gearbeitet hatte. Als gerade ausgebildete junge Krankenschwester, von kenntnisreichen Anthroposophen umringt, empfand sie sich als Außenseiterin. Sie sprach mit Ita Wegman über ihre Not. «Aber ich kann gar nicht meditieren!», rief sie verzweifelt. Worauf ihr Ita Wegman antwortete: «Aber das ist überhaupt nicht nötig. Sie sollen brüten.» Lakonisch fügte Fienchen Weissenberg – jetzt in hohem Alter – hinzu: «Das habe ich dann auch den Rest meines Lebens getan». Jahrelang konnte sie über ein Märchen «brüten», bis das Märchen sich von selbst erklärte. So ging es ihr auch mit dem Märchen *Dornröschen*: «Eines Nachts wachte ich auf. Um mich herum standen die lebendigen Bilder von Dornröschen – und ich roch den Rosenduft.» Auch konnte sie eine gewisse Frage jahrelang treu in sich tragen, bis die Antwort in ihrer vollen Wirklichkeit sichtbar, hörbar, ja spürbar wurde. Sie lebte viele Jahre mit der Frage: Wo war Christus, als er gestorben war? Eines Nachts war sie imaginativ an diesem Ort. Sie sah sich in einer unterirdischen Grotte stehen. Wie Mumien hingen die Verstorbenen, die in den Folgen ihrer Taten gefangen waren, in diesem Raum. «In Gedanken hörte ich: Dies ist die Hölle. Dann erklang in diesem unterirdischen Raum ein Ton – ein einziger Ton, der alles durchdrang. Ich wusste: Das ist Christus, der in den Verstorbenen das Heimweh nach Seinem Lichte wecken will. Dann sprach Er: *Wer zu Mir kommen will, muss das Grauen anerkennen*. Woraufhin sie antwortete: «Ja, ich will.» «Dann war ich bei Ihm. Ich lag an Seiner Brust, wie Johannes beim Letzten Abendmahl, und ich überschaute die ganze Welt. Und da, an dem Ort, war Friede.»

Als ich damals Fienchen begegnete, besuchte sie mich über eine Woche lang. Nach einem Unfall in den Bergen war ich an das Bett und einen Rollstuhl gebunden. Sie war fast blind. So saßen wir tagelang zusammen: der Lahme und die Blinde. Sie erzählte mir die Geschichte der *Chymischen Hochzeit von Christian Rosenkreutz* – Sie konnte kaum noch lesen. Das war auch nicht nötig, denn sie kannte die Geschichte *by heart*, auswendig. Jede Einzelheit dieses komplizierten, rätselhaften Märchens wurde lebendig – denn sie hatte ein Leben lang darüber «gebrütet».

Nach dieser Begegnung, die zu einem entscheidenden Augenblick in meinem Leben stattfand, haben wir noch einige Jahre zusammengearbeitet und konnten in Kursen und auf Konferenzen den Inhalt und die Hintergründe der *Chymischen Hochzeit* an ein größeres Publikum herantragen. Rudolf Steiner hat in seinen Betrachtungen zur Chymischen Hochzeit gewissermaßen erläutert, was «brüten» eigentlich bedeutet: «Wer in der geistigen Welt wahrnimmt, muß wissen, daß ihm zuweilen Imaginationen zuteil werden, auf deren Verständnis er zunächst verzichten muß. Er muß sie als Imaginationen hinnehmen und als solche in der Seele ausreifen lassen. Während dieser Reifung bringen sie im Menschen-Innern die Kraft hervor, welche das Verständnis bewirken kann. Wollte sie der Beobachter in dem Augenblicke sich erklären, in dem sie sich ihm offenbaren, so würde er dieses mit einer dazu noch ungeeigneten Verstandeskraft tun und Ungereimtes denken. In der geistigen Erfahrung hängt vieles davon ab, daß man die Geduld hat, Beobachtungen zu machen, sie zunächst einfach hinzunehmen und mit dem Verstehen bis zu dem geeigneten Zeitpunkte zu warten.»[28]

Während Konzentration eine uneingeschränkte *Aufmerksamkeit* der Seele ist, ist Meditation eine uneingeschränkte *Hingabe* der Seele, zustande gebracht durch die Fähigkeiten der Konzentration und der Kontemplation. Der Inhalt einer echten Meditation ist von einem der großen Eingeweihten gegeben worden. Selbstverständlich bietet alles auf der Erde Gelegenheit, darüber zu meditieren – aber am besten kann die Kunst der Meditation mit Hilfe von Eingeweihten entwickelt werden. Steiner beschreibt den Prozess wie folgt: «Zunächst wollen wir von der Morgenmeditation reden und uns klarmachen, was eigentlich durch die Meditation bewirkt wird. Immer fluten Ströme geistigen Lebens durch die Welt. Aber wenn wir uns mit den gewöhnlichen Alltagsgedanken beschäftigen, so können jene Ströme nicht in uns hineinfließen. Unsere Meditationsworte sind aber gleichsam Tore, Pforten, die uns in die geistige Welt hineinführen sollen. Sie haben die Kraft, unsere Seele aufzuschließen, so daß die Gedanken unserer großen Führer, der Meister der Weisheit und des Zusammenklanges der Empfindungen in uns einströmen können. Damit dies aber geschehe, muß die tiefste Stille in uns herrschen. Wir müssen uns klar sein darüber, daß die Meditation eine intimste Verrichtung der Seele ist.»[29]

Obwohl Meditation in unserem zur Ruhe gekommenen Innern vor sich geht, können sich gerade durch die Sinne wahrgenommene Eindrücke hervortun. Anstatt einer distanzierten Betrachtung oder Spekulation geht es darum, die Klänge und Rhythmen der Worte zu «schmecken», die Bilder ganz lebendig vor uns zu sehen und all unsere Sinne von den Eindrücken durchdringen zu lassen. «Aber alles, was sich an die Sinne knüpft: Farbe, Licht, Klang, Geruch und so weiter, das ist auch in der Astralwelt da. Darum sollen wir bei der Meditation eine möglichst klare, inhaltvolle sinnliche Vorstellung in uns zu erwecken suchen. In allem, was die Sinne wahrnehmen, drücken sich geistige Wesen aus; in Farben, Tönen, in Gerüchen strömen sie ihr Wesen hin. Und indem wir uns mit bestimmten Sinnesempfindungen in Verbindung setzen, fließen bestimmte Wesen in uns ein. Der erste Logos strömt als Weltenaroma hin, als deutlich wahrnehmbarer Geruch. In jedem Geruch wohnt ein geistiges Wesen höherer oder niederer Natur. Sehr hohe gute Wesenheiten wohnen im Weihrauch; sie ziehen uns direkt in die Höhe zu Gott. Wesen der niedersten Art sind im Moschus-Geruch inkarniert. In früheren Zeiten, als man noch mehr von diesen Dingen verstand, da gebrauchte man den Moschus zur niederen sinnlichen Anreizung. So wohnen auch in Tönen und Farben geistige Wesenheiten. Und möglichst farb- und lichtvoll, möglichst klangvoll sollen wir in unserer Seele die Meditationsworte fühlen, durch und durch empfinden, ganz darin leben.»[30]

Im Gespräch mit Herbert Hahn (1890–1970), einem der ersten Lehrer der freien Waldorfschule in Stuttgart, macht Steiner einen originellen Vergleich. Herbert Hahn beschreibt das Gespräch wie folgt: «Er empfahl mir, für die Meditationsinhalte die vollständige Lebendigkeit und Wärme der Seele zu nutzen. Man könnte sagen, dass zunächst die ‹Empfindungsseele› mit ihren edelsten Qualitäten aktiv werden soll.

Herbert Hahn führte diese Gespräche über Meditation, weil ihm in Bezug auf die Art und Weise, wie er sich seinem verstorbenen Vater näherte, Zweifel gekommen waren. Vor dem Sprechen der Meditationsworte für den Verstorbenen machte sich Herbert Hahn eine lebendige Vorstellung eines Ereignisses, das ihn in jeder Hinsicht an seinen Vater erinnerte. Als er 13 Jahre alt war, schenkte sein Vater ihm eine Taschenuhr: «An einem Sommernachmittag, als ich vor dem großen Jasminbusch im Garten stand, kam er auf mich zu und hielt eine Uhr in seiner Hand. In allen seinen Gesichtszügen, aber vor allem in seinen braunen Augen war die Freude, Freude zu schenken, eingeschrieben. Und meine Freude war so groß, dass ich sie kaum fassen konnte. Immer wieder, aber am meisten später in der Fremde, erinnerte mich die Uhr an diesen Augenblick. Das Bild hat sich mir fürs Leben eingeprägt. Als ich es schon eine Zeitlang verwendet hatte, bekam ich leise Zweifel, ob es nicht zu alltäglich sei. Vielleicht sollte ich eine ‹höhere›, ‹spirituellere› Erinnerung aufnehmen? So fragte ich eines Tages Rudolf Steiner. Mit aller Güte und allem Nachdruck zerstreute er meine Zweifel: ‹Ja, ja – sagte er – gerade solche aus dem vollen Leben gegriffenen Bilder, *das* sind die besten.›»[31]

Zwar geht es in den obengenannten Erinnerungen nicht um eine Meditation, aber um einen «Vorraum», der Zugang zur Verbindung mit den Verstorbenen gewährt. In dieser Verbundenheit des Gemütes, «in vollen Farben», kann der Meditationsinhalt in uns lebendig werden. In den Kapiteln 10, *Wortmeditation,* und 11, *Bildmeditation*, werden wir dieses Thema näher ausarbeiten.

6 Der Weg des größten Widerstandes?

Festina lente
Eile mit Weile

Rosenkreuzer Sprichwort

Heutzutage gibt es viele «Schnellstraßen zum Glück», die Resultate in kurzer Zeit versprechen – und geben. Nicht nur wimmelt es von bewusstseinserweiternden Mitteln, die den Anwender mühelos in eine trübe geistige Welt hineinschleusen, sondern wir kennen auch Methoden, die mit obskuren Mantren und Vorschriften arbeiten, wobei der Schüler sich dem Guru willenlos ausliefert. Warum sollten wir es uns schwer machen, wenn es auch leicht geht? Im Laufe der Jahre habe ich mehrmals Bekanntschaft mit dieser Art von Methoden gemacht. Davon abgesehen, bin ich in meiner Tätigkeit als Seelsorger einigen Menschen begegnet, die selber diesen Methoden unterworfen waren und aus eigener Erfahrung erzählen konnten: «Ich dachte, ich sei Gott – bis ich schlagartig auf die Erde stürzte.» (Zitat aus einem Gespräch mit einem Schüler des indischen Gurus Bhagwan (1890–1970)).

Mein eigenes Nachforschen und die Erfahrungen anderer Menschen haben mich, gelinde gesagt, misstrauisch gemacht. Hier einige Eindrücke: Transzendentale Meditation (TM), wie sie von Maharishi Mahesh Yogi (1918–2008) eingeführt wurde, wirkt nach dem Leitspruch: *Do nothing and accomplish most!* (Tue nichts und erreiche das Allermeiste!) Der Meditierende braucht nur zweimal täglich zwanzig Minuten dem vorgeschriebenen Programm zu folgen – und er erlangt eine neue «Persönlichkeit» mittels TM. Die Methode wird als «absolut mühelos» angepriesen. Der Meditierende braucht nicht zu verstehen, was die Mantren beinhalten – vielmehr sogar wird von ihm erwartet, den Inhalt nicht zu verstehen, denn: «Es wirkt!» Und tatsächlich: Es wirkt, weil ein unbekannter, ungebetener Gast den Platz des eigenen Ichs einnimmt.

Jemand, der sich längere Zeit mit den Meditationen des Bhagwan Shree Rajneesh beschäftigt hatte, beschreibt die folgende Erfahrung: «Ich schlief ein, während im Zimmer neben mir ununterbrochen ein Mantra wiederholt wurde. In meinem Traum machte ich einen Spaziergang im eigenen Körper, von einer Stelle zur anderen – bis ich vor meinem eigenen Herzen stand. Da erschien Bhagwan, der sagte: ‹Du kannst nicht hinein. Hier wohne ich.› Nach dieser erschütternden Erfahrung erklangen, innerlich hörbar, die Worte aus der Menschenweihehandlung: *Mein Herz erfülle sich mit Deinem reinen Leben, o Christus*. Da musste der, der das Herz in Besitz nehmen wollte, weichen. Diese Erfahrung war für die betreffende Person Anlass, sich von Bhagwan abzuwenden und sich mit der Menschenweihehandlung zu verbinden.[32]

Ähnliche Erfahrungen sind mehrfach von Schülern des Bhagwan Shree Rajneesh beschrieben worden. Ein enger Vertrauter, sein früherer Leibwächter Hugh Milne, beschreibt Bhagwan als *a brilliant manipulator of the unquestioning disciple* (ein brillanter Manipulator des Jüngers, der keine Fragen stellt).

Nicht nur das Praktizieren einer Meditation, sondern sogar das Lesen aus den Schriften eines irreführenden Gurus kann – wenn man innerlich nicht ausreichend gewappnet ist – zur Unfreiheit führen. So wird es ausgedrückt in einem Brief, den einer meiner Studenten schrieb, nachdem er mit dem Psychologen Ram Dass und dessen Guru Bekanntschaft gemacht hatte: «Ram Dass beschreibt in seinem Buch *The only dance there is* (1974) einen Wendepunkt in seinem Leben, den er mittels Einnahme von bewusstseinserweiternden Substanzen und später durch seine spirituelle Praxis unter der Anleitung seines Gurus, Neem Karoli Baba, erfuhr. Während ich dieses Buch las, wurde mir sofort klar, dass ich in einen anderen Bewusstseinszustand hineingezogen wurde. Ich las das Buch in schnellem Tempo und wurde in die Beschreibung der halluzinogenen Erfahrungen des Autors und in die Darstellung von verschiedenen Bewusstseinszuständen hineingesogen, die der östlichen Philosophie entnommen sind. Die Beschreibungen Ram Dass' von seinem Guru waren einigermaßen beunruhigend; er wird als ein Wesen aus einer anderen Welt porträtiert, fast wie ein Geschöpf, das sich schnell von einem Zustand des Seins in einen anderen versetzt.

Während ich das Buch las, fühlte ich mich wie in eine ballonartige Atmosphäre versetzt. Meine alltägliche Welt schien mir weit entfernt und ich spürte eine betäubende Glückseligkeit. Wo ich jetzt darauf zurückschaue, war dies ein selbstzufriedenes Gefühl von Erleuchtung und Wissen, aber auch von Handlungsohnmacht. Ich praktizierte keine östliche Meditation, auch keine einzige Übung, wie sie in diesem Buch beschrieben wurden; ich folgte nur den Gedanken des Autors. Einige Nächte nachdem ich das Buch gelesen hatte, kam mir ein Klartraum.

Aus der Dunkelheit wurde ich in ein Zimmer hineingeführt. In dieser stand eine Gestalt vor einer Türe. Es war ein älterer Mann mit langen, grauweißen Haaren, in einem weit geschnittenen Gewand. Er saß mit gekreuzten Beinen, aber er schwebte, als ob unter ihm kein Stuhl sei. Ich sah ein kleines dunkles Wesen, das um diesen Guru herumlief. Mir wurde klar, dass diese Figur mich hierhin geführt hatte. Ich erhielt – ohne Worte – eine Aufforderung: Ich solle in die Augen des Gurus schauen. Deren Erscheinung war so kristallartig intensiv, himmelsblau strahlend, erblindend, dass sie sofort anfingen, mich wie unter Zwang an sich zu ziehen, saugend, nahezu unwiderstehlich. Während dies vor sich ging, bekam ich Angst und senkte den Kopf, um dem Blick des Gurus auszuweichen. Zuerst schien es, als ob ich nicht stark genug gewesen wäre, einem großen Augenblick in meiner spirituellen Entwicklung standzuhalten. Es war ein Gefühl wie das einer Antiklimax. Es war, als ob ich versagt hatte, etwas Großem zu begegnen. (…) Bis auf den heutigen Tag kann ich die Augen des Gurus noch ganz lebendig vor mir sehen. Jedoch: Sie haben keine

Macht über mich. Durch diese Erfahrung spüre ich deutlich, dass indem ich dem Blick des Gurus auswich, ich in der Lage war, etwas zu bewahren, was mir sonst weggenommen wäre.»

Immer wieder geht es in dieser und ähnlichen Sekten darum, sich dem Guru kritiklos hinzugeben. Im ausgehenden zwanzigsten Jahrhundert reiste der spirituelle Lehrer Mansukh Patel, Gründer der *Life Foundation*, mit einer Karawane von Jüngern und seiner «Formel für den Frieden» um die Welt. Was wäre wünschenswerter als Friede? Ich machte bei einer Meditationszusammenkunft mit Hunderten von Teilnehmern mit, an der Mansukh Patel mit suggestiver Stimme den Inhalt der Meditation diktierte. Nachdem jeder sein Bewusstsein zu seinen Nachbarn und zum Kollektiv der Menschenmenge erweitert hatte, gipfelte die geführte Meditation in dem Satz: *You are me!* – woraufhin die meisten der Anwesenden wie entrückt wirkten, das Ganze begleitet von Ausbrüchen von Ekstase und Verstörtheit. In den Jahren, die folgten, kamen innerhalb der Sekte nach und nach Fälle von Steuerbetrug ans Licht, wie auch von sexuellem Missbrauch und Gehirnwäsche. An den Früchten erkennt man den Baum – sei es, dass nach solchen Skandalen eine Sekte für gewöhnlich unter immer wechselnden Namen und Organisationsformen wieder in Erscheinung tritt. Die Liste der Meditationstechniken ist endlos. Für mich ist immer die entscheidende Frage: An was genau appelliert die Methode? Wenn es sich nur um eine Technik handelt – Maharishi Mahesh Yogi nennt es «eine Routine» – dann fehlt der wichtigste Bestandteil der geistigen Schulung. «Wenn du *einen* Schritt vorwärts zu machen versuchst in der Erkenntnis geheimer Wahrheiten, so mache zugleich *drei* vorwärts in der Vervollkommnung deines Charakters zum Guten.»

Mit dieser goldenen Regel zeigt Steiner das Prinzip der weißen Magie auf: Der Zugang zur geistigen Welt ist nur dann rechtmäßig, wenn unsere Motive frei von Selbstsucht sind. Von der schwarzen Magie muss man radikal das Umgekehrte sagen: Es geht dabei um destruktiven Egoismus und Machtausübung. «Die Magie, die Götter wenden sie an, aber der Unterschied zwischen weißer und schwarzer Magie besteht lediglich darin, dass man in der weißen Magie eingreift in moralischer Art, in selbstloser Art, bei der schwarzen Magie auf unmoralische, auf selbstische Art. Einen anderen Unterschied gibt es nicht.»[33]

Zwischen den Extremen der weißen und schwarzen Magie liegt ein großes Gebiet der grauen Magie. Eine Expertin auf dem Gebiet der Magie ist Ulla von Bernus, die 1992 in einem Interview beschrieb, wie sie als ehemalige Priesterin einer Satanssekte den Weg zum Christentum gefunden hatte – und zwar nur weil eine einzige Christuserfahrung sie schlagartig davon überzeugte, dass Er stärker als alles andere sei. Seit dem Augenblick, wo sie die schwarze Magie hinter sich ließ, warnt sie vor den Gefahren dieses Weges. Noch sehr viel verbreiteter, sagt von Bernus in diesem Interview, seien die zahllosen Formen der grauen Magie, die ins öffentliche Leben, in die Medien, in die Technik eindringen. «Das habe ich in meinen Lehrgängen gemerkt, dass nur die wenigsten Menschen geneigt sind, rein geistige Wege zu gehen. Die meisten streben nach einfachen, mausgrauen Praktiken. Von dem Moment an, wo ich meinen Schülern mitgeteilt habe, dass es vor allem auf einen rein geistigen Weg ankommt, fallen ca. 90 % ab, weil das für sie zu unbequem ist.»[34]

Diese Kategorien von weißer, schwarzer und grauer Magie, zusammen mit der «goldener Regel», geben mir Anhaltspunkte zum Beurteilen dessen, was für mich relevant ist – nicht nur auf dem Gebiete der Meditation, sondern auch auf allen anderen Lebensgebieten.

Der Vergleich von Meditieren mit einem Tropfen, der den Stein aushöhlt, ist stimmig: Wir sind nicht mehr so geschmeidig und empfänglich wie in ferner Vergangenheit. Der Schweizer Dichter Conrad Ferdinand Meyer (1825–1898) schreibt:

Den ersten Menschen formtest Du aus Ton,
Ich werde schon von härterm Stoffe sein,
Da, Meister, brauchst Du Deinen Hammer schon,
Bildhauer Gott, schlag zu! Ich bin der Stein.[35]

Ob es nun der Hammer des Schicksals oder der Tropfen der Meditation ist: Wir alle sind mit einer widerspenstigen Konstitution behaftet, der sich nicht im Handumdrehen mit irgendeiner Technik umformen lässt. Der ehemalige Generalsekretär der Vereinten Nationen, Dag Hammarskjöld (1905–1961), der zu den größten Mystikern des zwanzigsten Jahrhunderts gehört, formuliert dasselbe in positiver Art in seinem Tagebuch *Zeichen am Weg*: «Ja sagen zum Leben heißt auch Ja sagen zu sich selbst. Ja – auch zu der Eigenschaft, die sich am widerwilligsten umwandeln lässt von Versuchung zu Kraft.»[36] Der Weg der langsamen Umformung ist nicht nur deshalb notwendig, weil wir so verhärtet sind. Während dieses langen Weges entwickeln wir die Eigenschaft, die beim Betreten der Geisteswelt unentbehrlich ist: das autonome Ich. Wer je über die Schwelle der geistigen Welt geschaut hat, weiß aus eigener Erfahrung: Alles, was da geschaut werden kann, hat eine solche Intensität und solch eine alles umfassende Wirklichkeit, dass im Vergleich dazu jeder Eindruck in der physischen Welt verblasst – ganz zu schweigen von den Klangeindrücken jenseits der Schwelle. Jeder, der mal Bilder (Imaginationen), Worte oder Klänge (Inspirationen) aus der geistigen Welt erfahren hat, weiß, wie überwältigend diese Eindrücke sein können. Und obwohl eine Imagination gerade mal die erste, unvollständige Andeutung einer geistigen Wirklichkeit ist, haben wir schon bei den ersten Eindrücken bereits das Gefühl: Dies ist erst die *wahre* Wirklichkeit. So einfach ist es aber nicht.

In der geistigen Welt ist es, genauso wie hier auf Erden, notwendig, Sein und Schein, Wirklichkeit und Illusion klar zu unterscheiden. Die Ersten, die jenseits der Schwelle bereitstehen, um uns zu täuschen, sind für gewöhnlich unsere Gegner. So ist vom Sankt Martin (Martinus von Tours, 316–397) bekannt, dass die gegnerischen Mächte sich ihm in einer überwältigenden, wunderschönen Erscheinung zeigten. Selbst spricht er zu seinem Biograf wie folgt darüber: «Letzte Nacht erschien das Böse in meiner Kammer, mit königlichem

Gewand bekleidet, auf seinem Haupt ein Diadem aus Gold, mit Edelsteinen bestückt, an seinen Füßen Schuhe mit Goldbrokat bestickt, seine Gestalt von purpur glänzendem Licht umstrahlt. Lieblich war sein Antlitz, nur Lob kam ihm über die Lippen. Nichts verriet den Teufel. ‹Martin›, sprach er schließlich, ‹erkennst Du mich nicht? Ich bin der Christus!› Ich antwortete nicht und eindringlich wiederholte er seine Worte. Alsdann erkannte ich, dass sich unter dieser Hülle das Böse verbarg, und ich sprach: ‹Jesus, der Herr, hat nicht gesagt, dass Er im glänzenden Purpur und mit einer goldenen Krone zurückkommen würde. Wenn ich Ihn nicht in der Gestalt des Leidens sehe, mit seinen Wunden, glaube ich nicht, dass Er es ist ...› Da verschwand der Böse und hinterließ Rauch und Stank.»[37]

Ich befürchte das Schlimmste, wenn *the giggling guru* (Spitzname des Maharishi Mahesh Yogi, etwa *kichernder Guru*) ähnliche Begegnungen gehabt hätte. Schon in seinem Erdenleben hat er nichts von Christus verstanden – schlimmer sogar: Er verkündet, dass Christus ein Wesen sei, das nie gelitten habe und gekommen sei, die Menschen von ihrem Elend und Leiden zu befreien.

In einem Interview, das am 5. Juli 1964 von der BBC gesendet wurde, fragte ein Berichterstatter: «In Ihren Büchern und Ansprachen sagen Sie, dass der Mensch nicht leiden muss, während bei Christus zum Wesentlichen gehört, dass Er gelitten hat, nicht wahr?» Maharishi: «Nein, nein, nein. Christus hat nie gelitten. Die Menschen sahen ihn als leidend an. Wenn wir etwas durch eine rote Brille anschauen – dann sagen wir: Alles ist rot. So sahen Menschen aus ihrem eigenen Leiden heraus, dass ihr Erlöser litt. Aber Christus selber hat nie gelitten. Seine Botschaft war eine Botschaft der Seligkeit.»

Hier schaut ein «Guru» durch eine rosa Brille auf die Geschichte Christus auf Erden. Zweifellos nimmt er nach seinem Tod diese Illusion mit sich mit auf seiner Suche im Geistgebiet.

Ich kenne keine bessere Beschreibung der Wichtigkeit des Meditierens als den Weg des größten Widerstandes, als die Worte, die Rudolf Steiner Anfang des zwanzigsten Jahrhunderts in einem persönlichen Brief an einen Schüler der esoterischen Schule schrieb, an Rektor Moritz Bartsch. Gelegentlich denke ich, dieser Brief könnte auch gestern geschrieben worden sein – so aktuell ist der Inhalt:

«Wir stehen in einer ungeheuer ernsten Prüfungszeit, dessen müssen wir uns mehr und mehr bewusstwerden. Alles Böse und alles Gute kommt jetzt in einer oft ganz erschütternden Weise ans Tageslicht. Wer jetzt noch meditieren kann, wirkt stark auf alles Geschehen ein. Nur die Allerwenigsten haben die Möglichkeit zu verstehen, um was es sich handelt, geschweige dann die Kraft, die Aufgabe, die uns gestellt ist, zu erfüllen. Umso wichtiger ist es, dass die wenigen, die wirkliches Verständnis haben, nun alle Kraft aufwenden, um mit höchstem Ernst und mit höchster Konzentration, ja, mit aller Magie, die sie aus den Untergründen ihrer Seelen heraus aufbringen können, dahin zu arbeiten und sich dafür zu opfern, dass die Menschheit den Heiligen Geist, der die zukünftige Entwicklung der Menschheit leiten soll, nicht völlig verliert. Noch nie sind wir so unmittelbar vor den Abgrund gestellt wie in der Gegenwart.»[38]

7 Die Nebenübungen

Gott ist ein Tätigkeitswort

Rabbi David Cooper

Schulung ist notwendigerweise mit Charakterbildung verbunden. Die sogenannten Nebenübungen haben diese Charakterbildung als konkreten Inhalt. Der Begriff «neben» kann missverstanden werden: Gemeint ist nicht eine unbedeutende Nebensächlichkeit, sondern eine notwendige Aktivität, die stets parallel zu den Meditationsübungen stattfinden soll. Steiner bezeichnet sie als allgemeine Anforderungen, die ein jeder an sich stellen muss, der eine okkulte Entwicklung durchmachen will. Er hätte sie auch als Übungen beschreiben können, um im täglichen Leben optimal zu funktionieren. Auf die Dauer ergeben sich damit Eigenschaften, die wir für unser tägliches Leben und Arbeiten fortwährend brauchen:

1 – Konzentration (Denken)
2 – Initiative (Wollen)
3 – Gleichgewicht (Fühlen)
4 – Positivität
5 – Unbefangenheit
6 – Harmonie

Systematisch wird jeden Monat eine der fünf Nebenübungen durchgeführt, bis dann im sechsten Monat die fünf vorangehenden Übungen in ein regelmäßiges, sich abwechselndes Zusammenspiel zusammengeführt werden. Unter Verwendung der unterschiedlichen Beschreibungen, die Steiner macht, folgt hier eine Übersicht der Nebenübungen:

1 – Konzentration. Gedankenkontrolle. Was wir üblicherweise «denken» nennen, ist meistens eine Aneinanderreihung von Assoziationen, Erinnerungen und Versuchen, logisch zu denken. In dieser Übung, die einen Monat lang täglich ausgeführt wird, konzentrieren wir uns einige Minuten auf einen einzelnen Gedanken, zum Beispiel den Gedanken an einen bestimmten Gegenstand. Mittels der eigenen Initiative verknüpfen wir die nächsten Denkschritte konsequent mit diesem ersten Gedanken. An einen Gegenstand denkend, können wir zum Beispiel die Herkunft des Materials, die Produktion, die Verwendung des Produkts und Ähnliches Revue passieren lassen. Die Tatsache, dass wir in einer chaotischen Welt die Dinge sinnvoll aufreihen, in der Vielfalt der Einzelheiten Ordnung schaffen können, gibt innere Sicherheit. Es ist wichtig, so Steiner, um dieses Gefühl der Sicherheit jeweils nach Beendigung der Übung in den ganzen Körper einströmen zu lassen, ausgehend vom Kopf (Gehirn) zum Rücken (Rückenmark) hin. Wenn man einen Monat lang diese erste Übung durchgeführt hat, wird die Aufmerksamkeit auf ein zweites Gebiet verlagert.

2 – Initiative. Kontrolle der Handlungen. So wie es möglich ist, autonom im Gedankenleben zu werden, so kann man auch lernen, den Willen zu beherrschen und zu steuern. Dazu wählen wir jeden Tag einen Zeitpunkt, an dem eine bestimmte Handlung ausgeführt wird. Genauso wie bei der Konzentrationsübung für das Denken geht es nicht um etwas Großes oder Erhabenes, sondern in diesem Fall um eine einfache Handlung aus eigenem freiem Willen. Durch die regelmäßige Ausführung selbstgewählter Handlungen zu selbstgewählten Tageszeiten entsteht im Laufe der Zeit Initiativkraft. Der Wille erhält einen Angriffspunkt, um sich selbst zu verwirklichen. Wichtig ist es, dieses Gefühl des «Ansporns» ebenfalls mit dem Körper zu verbinden: ausgehend vom Kopf durch das Herz in die Gliedmaßen hinein.

3 – Ausgeglichenheit. Hier geht es um die Stärkung des Mittelgebietes, des Gefühlslebens, nachdem an das Denken und an das Wollen appelliert wurde. Die Aufgabe besteht darin, einen Monat lang das Gefühlsleben wachsam zu begleiten und zu bändigen. Es gibt verschiedene bewährte und altbekannte Mittel, wie beispielsweise, einem aufkommenden Wutanfall nicht nachzugeben. Dabei handelt es sich nicht um das Ausschalten des Gefühlslebens, sondern im Gegenteil um seine Harmonisierung. Heftige Emotionen verhindern das Wahrnehmen dessen, was sich um uns herum abspielt; in solchen Momenten nehmen wir im Allgemeinen nur etwas von uns selbst wahr – und im Falle der blinden Wut nicht einmal das. Mabel Collins, (1851–1927), eine Theosophin der ersten Stunde, hat in ihrem Buch *Licht auf dem Pfad* die mit dieser Übung verbundene Aufgabe auf den Punkt gebracht: «Bevor das Auge sehen kann, muss es der Tränen sich entwöhnen.»[39] Aus dem Herzen lassen wir immer wieder das Gefühl des Gleichgewichts, der inneren Stille und des Friedens in unsere Gliedmaßen und den Kopf hineinströmen.

4 – Positivität. Im vierten Monat wird die Aufmerksamkeit auf das Üben der Positivität in allen Lebenslagen gerichtet. Das bedeutet nicht, dass wir die Augen vor allem verschließen sollen, was schiefgeht, sondern dass wir versuchen, auch in schlimmsten Missständen immer noch das zu erkennen, was einen Wert für die Zukunft hat. Und auch in dem Menschen, dem wir mit Antipathie gegenüberstehen, immer noch den wertvollen Kern im Auge zu behalten. Manchmal gelingt das nur noch, wenn wir uns vorstellen, dass hinter einem Menschen, der sein Leben und das anderer unter Umständen sogar ruiniert hat, immer noch sein Engel steht, der ihm helfen will, das Beste daraus zu machen. In der Seelsorge, in der wir häufig mit «unmöglichen» Situationen konfrontiert werden, hat mir diese Vorstellung oft geholfen. Durch die Positivitätsübung entwickeln wir im Laufe der Zeit eine andere Wahrnehmung der Welt, die uns umgibt – ein Gefühl, in einer größeren Wirklichkeit zu stehen als der des Alltäglichen. Dieses Gefühl lassen wir zum Herzen hinströmen und von dort aus durch die Augen in den uns umgebenden Raum, mit welchem wir im Laufe der Zeit eine neue Verbindung bekommen.

5 – Unbefangenheit. Durch die vorangehenden Übungen schaffen wir in gewissem Sinne einen neuen Raum um uns herum. Im Alltagsleben können wir dies auch an Menschen bemerken, die eine unverwüstliche Positivität «ausstrahlen». Im fünften Monat bemühen wir uns konsequent, der Welt, die uns umgibt, unbefangen und ohne jegliches Vorurteil entgegenzutreten. Dann ist es, als fülle sich der Raum, der uns umgibt, den wir vorher selbst umgestaltet haben, mit neuem Leben. Die uns umgebende Welt hat sich vielleicht in keiner Weise verändert, aber wir blicken mit anderen Augen auf die Wirklichkeit. Und dadurch *verändert* sich auch etwas an dieser Wirklichkeit. Das, was wir sehen, fühlt sich möglicherweise wiedererkannt! In diesem Stadium versuchen wir, so gut wir es vermögen, eine Empfindung für das zu entwickeln, was in unserer Umgebung anfängt zu leben.

6 – Harmonie aller vorangehenden Tätigkeiten. Im sechsten Monat besteht die Aufgabe darin, die vorangegangenen fünf Übungen in ein ausgeglichenes Zusammenspiel überzuleiten. Es ist die Zusammenfassung aller vorangegangenen Übungen, die Krönung der Arbeit eines halben Jahres. Dadurch entsteht im Laufe der Zeit ein Gefühl der Harmonie und des unerschütterlichen Vertrauens.

Die sechs Gemütseigenschaften, die wir mittels der Nebenübungen ausbilden, sind *nicht nur* entscheidend für die Art und Weise, wie wir unser Leben und unsere Arbeit im Alltag angehen: Kann ich in einer Stresssituation meine Gefühle beherrschen? Kann ich im Stau oder in einer langen Reihe von Wartenden meine Geduld bewahren? Kann ich positiv bleiben – auch wenn um mich herum man nur noch niedergeschlagen ist? Denke ich weiterhin logisch, auch in einer chaotischen Situation …?

Die Nebenübungen bilden *nämlich auch* das notwendige Gegengewicht in einem schweren Leben. Bis jetzt mag es so scheinen, als sei Meditation nur unserem Wohlsein dienlich. Hier soll man aufpassen! Heutzutage finden wir etliche Beispiele des meditativen Lebens, das Menschen von der übrigen Welt entfremdet und raffinierte Formen des Egoismus fördert. Sinn und Zweck der Nebenübungen bestehen unter anderem in der Bekämpfung dieser schleichenden Egoismen. «Wozu ist die [esoterische] Schule da? Ratschläge werden gegeben, um schneller und leichter vorauszueilen, weil die Menschheit solches braucht. Es ist aber auch unvermeidlich, daß dadurch an den Egoismus des Menschen appelliert wird. Dazu sind aber die Nebenübungen da, um dasjenige zu bekämpfen, was man zu seiner Egoität hinzufügt. Unterläßt man diese, so werden unweigerlich Ehrgeiz und Eitelkeit beim Schüler auftreten. Die soll man bei sich selbst sehen.»[40]

Zu den Nebenübungen gibt es ausführliche Literatur.[41] Darin findet man alle Referenzen aus Vorträgen und Schriften, in welchen Rudolf Steiner die Übungen beleuchtet. Eine sehr originelle Anleitung für die praktische Ausführung stammt vom amerikanischen Psychologen Michael Lipson, der mit Einzelpersonen und Gruppen an diesen Themen viel gearbeitet hat. In seinem Buch *Stairway of Surprise. Six steps to a Creative Life* (Anthroposophic Press, New York, 2002) hat er seine langjährigen Erfahrungen gesammelt.

8 Die Schulung des Willens – Der Wille zur Schulung

Eine regelmäßige Tätigkeit beginnt als ein hauchdünner Faden und endet als ein stählernes Kabel

Chinesisches Sprichwort

Das größte Hindernis, ein meditatives Leben zu pflegen – das sind wir selbst. Oft sehen wir, dass jemand mit gutem Mut und Energie anfängt – und nach einer Weile mutlos aufgibt. Die Ursache dessen ist einerseits ein Mangel an Ausdauer und Willensstärke, andererseits ist es üblich, dass nach den ersten ermutigenden Ergebnissen Hindernisse in Erscheinung treten. Diese sind nicht nur unvermeidlich; sie sind gar notwendig, um an ihnen Willensstärke zu entwickeln.

Ein persönliches Gespräch über Meditation, dass Herbert Hahn mit Rudolf Steiner führte, verschafft hierzu Einsicht: «Da hatte ich ihm beschrieben, wie ich mich in einem Zustand der Ausgehöhltheit befinde, wie dort, wo ich früher Farben gesehen hatte, jetzt alles grau in grau erschiene. Da nickte er mir sehr lieb und verstehend zu. ‹Ja, ja – sagte er, da durchwandert die Seele öde Strecken!› Nach einigem Schweigen fragte er mich: ‹Aber, nicht wahr, Sie können sich doch daran *erinnern*, wie Sie früher empfunden haben?› Ich sagte, dass ich das könnte. ‹Nun wohl› nahm er wieder auf, ‹pflegen Sie bewusst diese *Erinnerungen!* Lassen Sie die Erinnerung an das, was Sie einmal erwärmt hat, was Sie erfüllt hat, in Ihren Gedanken wieder erstehen. Diese Erinnerung wird erst nur stellvertretend da sein für Ihre früheren Erlebnisse. Aber Sie ist selber eine Realität, eine Kraft. Und sie wird allmählich höhere und reichere Empfindungen in Ihnen wecken, als diejenigen waren, die Sie jetzt glauben verloren zu haben.›»[42]

Kurz zusammengefasst: Nichts von dem, was wir auf diesem Gebiete erobern, geht verloren. Nur kann es sich für längere

Zeit unserer Wahrnehmung entziehen, es kann uns vor eine schwere «Bewährungsprobe» stellen – aber diese Prüfung ist notwendig, um in der Entbehrung neue, höhere Fähigkeiten zu entwickeln. Diese Zeiträume, in denen sich scheinbar nichts weiterentwickelt, obwohl wir doch unsere Übungen ausführen, sind – so Steiner – ein Zeichen dafür, dass die Meditationen anfangen, wirksam zu werden.

Aus eigener Erfahrung weiß ich, dass Meditationen, die täglich zum selben Zeitpunkt – und vorzugsweise am gleichen Ort – ausgeführt werden, eine starke Wirkung entfalten. Nach den Etappen der «einsamen, verlassenen Wege» kommt ein Tag, an dem man feststellt, dass – noch ehe man anfängt – der Meditationsinhalt bereits anwesend ist.

Ab diesem Augenblick kann man fast täglich erfahren, dass die geistige Welt auf einen wartet – bereit, um den Inhalt der Meditation mit geistiger Substanz in vollständige Wirklichkeit umzusetzen. Während einer längeren Zeit – und den täglichen Übungen vorangehend – habe ich mich mit einigen vertrauten Verstorbenen meditativ beschäftigt. Auch sie sind nach einer Weile «anwesend» – noch bevor man selbst zur Stelle ist.

Was passiert, wenn man aus Müdigkeit oder Bequemlichkeit eine tägliche Meditation auslässt, drückt sich recht bildhaft in einem Traum von Rudolf von Koschützkis (1866–1954), einem der Gründer der Christengemeinschaft, aus. «Eines Abends bin ich sehr müde und denke: Lass heut' mal das Meditieren – und schlafe augenblicklich ein. Im Traum reise ich mit der Eisenbahn in einem der drei letzten Wagen des Zuges. Auf einer Station werden diese drei Wagen abgehängt und bleiben stehen, während der Zug weiterfährt.»[43] (siehe auch Fußnote 38)

Alles, was regelmäßig und bewusst wiederholt wird, stärkt den Willen. Man könnte die stetig sich wiederholende Willensübung mit dem regelmäßigen Gießen einer Pflanze vergleichen: In beiden Fällen geht es nicht um eine mechanische Handlung, sondern um das Kultivieren von Leben – ganz sicherlich, wenn der Inhalt der Meditation die Arbeit eines Eingeweihten ist.

Merkmal eines Eingeweihten ist, dass er – ob er nun auf der Erde lebt oder gestorben ist – immer und überall anwesend sein kann, wenn ein Schüler auf rechtmäßiger Art und Weise versucht, sich mit ihm zu verbinden.

Eine meiner beeindruckendsten Erfahrungen auf diesem Gebiete war die «Begegnung» mit Christian Rosenkreutz, die von einem Traum vorbereitet worden war. Meine Frau und ich verbrachten den Sommerurlaub in einer stillen Gegend in Schweden, auf einem Bauernhof auf einer Waldlichtung. In der letzten Nacht unseres Aufenthaltes träumte ich Folgendes: Ein mir unbekannter Mann namens Doktor Engel überreicht mir ein altes Manuskript, mit Symbolen und Wörtern einer unbekannten Sprache beschriftet, und fragt mich: «Wer hat dies geschrieben?» Ich versuchte die Zeichen zu entziffern – und plötzlich erkenne ich sie und rufe: «O, das hat Christian, der Graf von Saint Germain, geschrieben!» So laut rufe ich es, dass ich aus meinem Traum erwache. In meinem Traum habe ich die Namen zweier Inkarnationen des «großen Führers des Abendlandes» (ein Ausdruck Rudolf Steiners) zusammengeflochten: Christian Rosenkreutz und der Graf von Saint Germain. Dann geht mir auf, dass wir am nächsten Tag nach der Überfahrt von Schweden nach Deutschland in Kiel ankommen werden – nahe der Stadt Eckernförde, wo in der Nikolai-Kirche der Graf von Saint Germain begraben liegt. Am nächsten Morgen erzähle ich meiner Frau den Traum und schlage ihr vor, an diesem Tag einen Umweg über Eckernförde zu nehmen. Während meine Frau in der Stadt spaziert, setze ich mich am frühen Samstagmorgen in die leere Nikolai-Kirche – und versuche mich mit der Individualität des Christian Rosenkreutz zu verbinden. Plötzlich spüre ich seine Anwesenheit. Und mehr noch: Für wenige Augenblicke ist es mir vergönnt, mit seinem Bewusstsein auf die Erde zu schauen. Es ist, als ob die Welt vor mir wie ein Buch für mich aufgeschlagen wird. Ich «schaue» auf die Menschheit mit den Augen eines Eingeweihten – und mich überkommt ein überwältigendes Mitleid. Die großen Eingeweihten urteilen nicht; ihr Mitgefühl lässt sie leiden wie kein anderer Mensch. Als meine Frau mich eine halbe Stunde später in der Kirche findet, kann ich lange Zeit kein einziges Wort herausbringen, so sehr hat der Eindruck des vollkommenen Mitleids mich erschüttert. Ab diesem Moment verstehe ich aus eigener Erfahrung, wie Rudolf Steiner einmal über Christian Rosenkreutz sagte, dieser habe «durch seine Art des Wirkens mehr erduldet und wird in die Zukunft hinein mehr zu erdulden haben als je ein Mensch. Ich sage: ein Mensch –, denn was der Christus litt, das hat ein Gott gelitten.»[44]

Die Tatsache, dass der Eingeweihte es vermag, sich mit jedem Schüler existentiell zu verbinden, findet auch auf subtile, unpersönliche Art Ausdruck im Vorwort der grundlegenden Arbeit Rudolf Steiners zum Thema Einweihung: *Wie erlangt man Erkenntnisse der höheren Welten?* Im Kapitel «Die Bedingungen der Geheimschulung» formuliert er eine Gesetzmäßigkeit: «Erstens wird derjenige, der ernstlich nach höherem Wissen trachtet, keine Mühe, kein Hindernis scheuen, um einen Eingeweihten aufzusuchen, der ihn in die höheren Geheimnisse der Welt einführen kann. Aber andererseits kann auch jeder sich klar darüber sein, dass ihn die Einweihung unter allen Umständen finden wird, wenn ernstes und würdiges Streben nach Erkenntnis vorliegt. Denn es gibt ein natürliches Gesetz für alle Eingeweihten, das sie dazu veranlasst, keinem suchenden Menschen ein ihm gebührendes Wissen vorzuenthalten.»[45] Noch direkter wird dies in der sechsten Szene von Rudolf Steiners Mysteriendrama *Der Hüter der Schwelle* vom Eingeweihten Benedictus ausgesprochen, der da sagt: «Ich muss begleiten jeden, der von mir im Erdensein das Geisteslicht empfangen, ob er sich wissend, ob nur unbewusst sich mir als Geistesschüler hat ergeben, und muss die Wege weiter ihn geleiten, die er durch mich im Geist betreten hat.»[46] In diesem Ausdruck fehlt jegliche Spur eines eigenen Willens, Sympathie oder Antipathie: die Verbindung mit dem Schüler, der bewusst oder unbewusst sucht, ist eine gegebene Tatsache. Für uns, die Schüler, ist damit natürlich eine Frage verbunden: Der Eingeweihte ist anwesend. Aber ich – bin ich anwesend?

Am Ende dieses Kapitels bespreche ich einige meditative Texte, die Rudolf Steiner gibt, um den Willen zu stärken. Schon allein durch Form und Aufbau geht vom folgenden Text ein Aufruf an den Willen aus. Er wird oft bei Krankheit oder einem Schwächezustand angewendet. Der Schluss jeder Zeile wird am Anfang der folgenden wiederholt. Dadurch entsteht ein mantrischer Rhythmus, der die Wirkung verstärkt

> O Gottesgeist, erfülle mich,
> Erfülle mich in meiner Seele,
> Meiner Seele leihe starke Kraft,
> Starke Kraft auch meinem Herzen,
> Meinem Herzen, das Dich sucht,
> Sucht durch tiefe Sehnsucht,
> Tiefe Sehnsucht nach Gesundheit,
> Nach Gesundheit und Starkmut,
> Starkmut, der in meine Glieder strömt,
> Strömt wie edles Gottgeschenk,
> Gottgeschenk von Dir, o Gottesgeist[47]

Der Spruch ist perfekt «in sich gerundet» – wie eine Schlange, die sich in den Schwanz beißt –, weil Beginn und Ende des Spruches identisch sind. Dieser Spruch beleuchtet eine Tatsache, die wir im nächsten Kapitel erläutern: Beim Meditieren von Sprüchen geht es nicht nur um den Inhalt, um die «Botschaft», sondern ebenso sehr um die Klänge, den Rhythmus, die Form und den Aufbau. Indem man sich darin vertieft, befreit man sich vom abstrakt Begrifflichen, das meistens ein Hindernis für die Meditation ist.

Ein anderes Mittel, den Willen zu stärken, besteht darin, Grenzen zu ziehen. Aus dem täglichen Leben wissen wir, wie wichtig es ist, inmitten einer hektischen Umgebung standzuhalten und dieser klarzumachen: bis hier und nicht wei-

ter. Menschen, denen durch eine Krankheit der Verlust ihrer Kräfte droht, riet Steiner Folgendes zu überlegen:
«Jede Krankheit ist eine Sache des Schicksals zur Selbsterziehung. Nutze die Zeit und fürchte dich nicht.
Bedenke: Tüchtig ist, wer sich der Grenze seines Könnens bewusst ist, aber innerhalb dieser Grenzen seine Kraft mit königlicher Geste verausgabt.
Aber das wisse: Durch die Selbstbeschränkung erstarken die Grenzen und weiten sich. Sonst verreißen sie und die Schwäche dringt ein und verzehrt die Lebenskraft. Nutze die Zeit und fürchte dich nicht.»[48]

Auf das meditative Leben angewandt, bedeutet das Obenstehende vor allem: die Kunst der Beschränkung zu entwickeln. Eine Meditation darf sich zeitlich nicht unbeschränkt ausdehnen. Auf die Dauer wirkt kurz und kräftig besser als lang und unbestimmt. Ein prosaisches, aber äußerst effektives Hilfsmittel ist der Wecker, den wir neben uns stellen!

Es gibt noch einen weiteren Bereich, aus dem der Wille schöpfen kann. Auch dafür gibt uns das Alltagsleben erkennbare Beispiele. In dem Augenblick, da uns Erschöpfung droht, gilt es, den verbliebenen Rest unserer Willenskraft nicht restlos aufzubrauchen, «auszuleben», sondern ihn in gewissem Sinne aufkeimen zu lassen, ihn «einzuleben». Gerade dann, wenn wir kaum noch Kraft übrig haben, müssen wir lernen, zu empfangen, statt die letzten Reste zu verausgaben. Ein empfänglicher Wille, der in solchen Augenblicken zu einer Schale wird für das, was notwendig ist, erreicht mehr als jene Art der Willenskraft, die sich festbeißt und verkrampft. Steiner gibt hierfür eine äußerst ungewöhnliche Übung an:
«Kehre deinen Willen um. Lass ihn so kraftvoll wie möglich werden, aber lass ihn nicht als den *deinen* in die Dinge strömen, sondern erkundige dich nach der Dinge Wesen und gib ihn dann deinen Willen; lass dich und deinen Willen aus den Dingen strömen (...) Und solange du deinen Wunsch

einem einzigen Dinge aufdrückst, ohne das dieser Wunsch aus dem Dinge selbst geboren ist, so lange verwundest du dieses Ding.»[49]

Der folgende Text Steiners mit der Überschrift *Meditationsworte, die den Willen ergreifen* konkretisiert das Prinzip des umgekehrten Willens. Der Wille wird gestärkt – nicht dadurch, dass wir uns eigensinnig verhalten, sondern durch eine Selbstlosigkeit, die zur Empathie wird:

> Sieghafter Geist
> Durchflamme die Ohnmacht
> Zaghafter Seelen.
> Verbrenne die Ichsucht,
> Entzünde das Mitleid,
> Dass Selbstlosigkeit,
> Der Lebensstrom der Menschheit,
> Wallt als Quelle
> Der geistigen Wiedergeburt.[50]

In einer Welt, in der wir mit unserer eigenen Willenskraft Berge versetzen können, ruft diese Formulierung oft Fragen hervor. Für gewöhnlich meinen wir, ein empfänglicher Wille sei ein Zeichen von Willensschwäche. Wie kann man aus einem empfänglichen Willen Kraft schöpfen? Wenn wir etwas erreichen wollen, muss unser Wille wie ein Pfeil auf das selbstgewählte Ziel gerichtet sein. Damit – so beschreibt es der Text der Übung – verletzen wir die Welt um uns herum.

Den Archetyp des empfänglichen Willens finden wir in der Vorstellung der menschlichen Seele, die Johannes in der Apokalypse beschreibt: «ein Weib, mit der Sonne bekleidet, den Mond unter ihren Füßen, auf ihrem Haupte eine Krone von zwölf Sternen» (Apokalypse 12:1). Es ist das Urbild der Seele, in der die Gedanken wie Sterne strahlen, in der das Herz wie eine Sonne und in der der Wille wie eine Mondsichel wird: ein Kelch, geöffnet für den Willen Gottes. Seit jeher ist Maria

Repräsentant dieser Vorstellung: «Mir geschehe nach Deinem Worte.» (Lukas 1:38)

Erst wenn wir mit diesem Bestreben leben, belassen wir die Welt um uns herum intakt, ohne irgendetwas oder irgendjemanden zu verletzen.

Ein meditatives Leben ist ohne den umgekehrten Willen undenkbar. Wir können nicht als Mach-es-selber-Bastler eine Meditation «machen», wir können keine Ergebnisse forcieren. Das Wesentliche in der Meditation ereignet sich zwischen dem empfänglichen Willen und dem Willen der göttlichen Welt.

9   Der Weg und das Ziel

Weg,
Du musst ihm folgen.
Glück,
Du musst es vergessen
Kelch,
Du musst ihn trinken.
Schmerz,
Du musst ihn verbergen
Antwort,
Du musst sie erlernen
Ende,
Du musst es tragen.[51]

Dag Hammarskjöld, schwedischer Diplomat,
UNO Generalsekretär 1953–1961

Dass Meditation ein Weg ist, der gegangen werden muss, und nicht ein Sessel, in dem man sich bequem auf seinen Lorbeeren ausruhen kann, dürfte inzwischen klar geworden sein. Wie das üblicherweise mit dem Wandern so ist, wird das Ziel im Gehen allmählich erkennbar. Dennoch ist es gut, das Ziel ins Auge zu fassen, bevor man sich auf den Weg macht. Alle klassischen Formen der Einweihung beschreiben Etappen, die dem Ziel am Ende des Weges vorangehen. In der griechischen Antike hatten sie folgende Namen:

Katharsis (Läuterung)
Photismos (Erleuchtung)
Teleté (Vollendung, Ziel)

Einen ähnlichen Aufbau der Terminologie findet man in Rudolf Steiners Schrift: *Wie erlangt man Erkenntnisse der höheren Welten?*:

Vorbereitung
Erleuchtung
Initiation[52]

Das Ziel der Vorbereitung liegt darin, das Seelenleben von Egoismus zu reinigen und Formen der Selbstlosigkeit zu entwickeln. In der Erleuchtung wird die geistige Welt sichtbar (Imagination) und hörbar (Inspiration). In der eigentlichen Initiation wird die geistige Welt schließlich fassbar.

«Durch Inspiration gelangt man dazu, die Beziehungen zwischen den Wesenheiten der höheren Welt zu erkennen. Durch eine weitere Erkenntnisstufe wird es möglich, diese Wesenheiten in ihrem Innern selbst zu erkennen. Diese Erkenntnisstufe kann die intuitive Erkenntnis genannt werden. (...) Ein Sinneswesen erkennen, heißt *außerhalb* desselben stehen und es nach dem äußeren Eindruck beurteilen. Ein Geisteswesen durch Intuition erkennen, heißt völlig eins mit ihm geworden sein, sich mit seinem Innern vereinigt haben.»[53]

In der Hierarchienlehre des Theologen Dionysius Areopagita (fünftes bis sechstes Jahrhundert) wird diese letzte Stufe auch Deifikation, wörtlich: Vergottung genannt. Obwohl in dieser Beschreibung das Ziel vielleicht unerreichbar weit entfernt zu sein scheint, können wir doch nach jeder Meditation einen Vorgeschmack erfahren – wenn wir wenigstens dafür Raum schaffen. Es ist wichtig, nach Beendigung der Meditation innerlich einen leeren, stillen Raum zu schaffen: kein Bild, kein Wort, kein Klang und kein Gedanke – nur *presence*, reines Sein. In dieser Geistesgegenwart kann die geistige Welt sich erkennbar machen – in der Regel anders, als wir es uns vorgestellt oder gedacht haben. Diese Augenblicke können uns oft mehr bedeuten als alles andere, was dem vorangegangen ist. Wir erfahren – oft im Bewusstsein der Unzulänglichkeit unserer Bemühungen – die unleugbare Wirklichkeit des Geistes. Für einen Moment führt der einsame Weg der Meditation zu Vereinigung: «Aber die Einsamkeit kann eine Kommunion sein.»[54]

Am Ende jeder Meditation, bevor wir zu unseren täglichen Pflichten zurückkehren, ist ein Gefühl der Dankbarkeit angebracht. Dank dafür, dass es uns ermöglicht wird, diese stille Arbeit zu verrichten. Dank an die geistige Welt, die uns Schritt für Schritt auf dem Weg zum Ziel begleitet.

«Was erzielt werden soll bei der esoterischen Schulung, ist die Einsamkeit der Seele. Die muß die Grundstimmung der Seele bleiben und auch durch nichts erschüttert werden, selbst wenn uns die liebsten Menschen begegnen. Durch die Einsamkeit erschließen sich uns die Tore der geistigen Welt. (...) Aber auch die Einsamkeit nicht absichtlich aufsuchen und dadurch uns den Pflichten, die wir der Welt gegenüber haben, entziehen, ist damit gemeint, sondern vielmehr dieses Einsamkeitsgefühl in der Seele erwachen zu lassen und es nicht durch törichte Gedanken etc. zum Schweigen zu bringen. (...) Kraft aus der Einsamkeit des Auf-sich-selbst-Gestelltseins – darauf kommt es an.»[55]

10 Bildmeditation

Im vorigen Kapitel wurden die ersten zwei Stufen auf dem Wege zur Einweihung – Imagination und Inspiration – mit der sichtbaren und hörbaren Welt verglichen. Sogar eingefleischte Materialisten, die nur die physische Welt als einzige Wirklichkeit anerkennen, können im entscheidenden Moment auf andere Gedanken kommen. Der berühmte Physiker Karl Weissenberg[56], der zeit seines Lebens die Existenz der geistigen Welt leugnete, rief auf dem Sterbebett, aufblickend zu etwas, was die Umstehenden nicht sahen: «Ja, die geistige Welt besteht!» – und starb nach dieser Aussage. Übrigens lebte seine Ehefrau, die bereits erwähnte Fienchen Weissenberg-Seebohm, täglich mit der Realität der geistigen Welt. Wenn sie sich in seine Gedankenwelt versetzte, kam ihr das Bild eines dunklen Teiches in einem unterirdischen Raum. In dem Teich blühte eine Wasserlilie: das Bild des reinen, abstrakten Denkens, das sich vom geistigen Licht abschließt und trotzdem Leben erzeugt. Ihr Ehemann sagte: «Ich sehe nichts!», bis er im Sterben lag.

Ich erwähnte bereits vorher den Zusammenhang zwischen den Eindrücken der sinnlichen und der geistigen Welt: Alles, was sich in der Sinneswelt abspielt (Farbe, Licht, Klang, Geruch ...), ist auch in der Astralwelt erkennbar – sei es, dass Farben, Licht, Klänge und Gerüche eine unvergleichlich starke Intensität haben in Imagination, Inspiration und Intuition.

In einer Bildmeditation steht üblicherweise ein Symbol an zentraler Stelle. Schon das Wort «Symbol» zeigt, was damit gemeint ist. Das griechische Wort *symbolon* stammt vom Verb *symballein*, wörtlich zusammenwerfen. Ursprünglich war ein *symbolon* ein Gegenstand, ein Ring, der in zwei Hälften gebrochen wurde. Der Eigentümer gab eine Hälfte an einen guten Freund. Wenn beide erneut zusammentrafen, wurden beide Teile als Zeichen der Verbundenheit zusammengelegt. Später erhielt das Wort die Bedeutung eines sichtbaren Zeichens für etwas, das in Wirklichkeit unsichtbar ist. In diesem Sinne ist Bildmeditation immer symbolisch – wenn auch eine reine Bildmeditation vom Eingeweihten aus der Vorstellung heraus gelesen wird.

Meditation des Rosenkreuzes

Rudolf Steiner sagt vom Rosenkreuz: «Es gibt viele Symbole, aber das Rosenkreuz ist das wichtigste, weil es ein Sinnbild ist für die menschliche Entwickelung selber.»[57]

Die Meditation des Rosenkreuzes verlangt nach intensiven Eindrücken von Farbe und Form – und den Gefühlen, die dabei entstehen. Mithilfe zweier unterschiedlicher Bilder bauen wir die Meditation auf: das schwarze Kreuz und die sieben roten Rosen. Wir stellen uns ein pechschwarzes Kreuz vor und lassen dies auf uns einwirken. Dann stellen wir uns so lebendig wie möglich vor, wie an der grünen Pflanze die Rose in Erscheinung tritt. Der Saft der Pflanze wird zur Farbe, der mit seinem erhabenen Duft die roten Rosen veredelt: ein Bild der Läuterung. So soll der Mensch Herr und Gebieter über die Kräfte der Begierde und Leidenschaft in seinem eigenen Blute werden.

Im nächsten Schritt vereinigen wir in der Vorstellung die sieben roten Rosen mit dem schwarzen Holz des Kreuzes. Sie stehen in einem Kreis – drei oberhalb des Querbalkens, vier unterhalb – rings um das Kreuz. Die roten Rosen erscheinen sinnbildlich für das geläuterte Blut; das schwarze Holz des Kreuzes für die überwundene niedere Natur des Menschen. In unzähligen Vorträgen und Gesprächen mit Schülern der esoterischen Schule hat Steiner das Symbol des Rosenkreuzes als eine der wichtigsten Bildmeditationen dargestellt. Wer lange und intensiv damit gearbeitet hat, kann es schließlich als Imagination schauen, losgelöst von allen sinnlichen Eindrücken. Aus der Vielzahl unterschiedlicher Formen und Texte der Rosenkreuzer Imagination (die Vorstellung des Rosenkreuzes) folgendes Beispiel[58]:

Am Abend:

Ich gehe in die geistige Welt (3 bis 4 Minuten)

Vorstellung:

schwarzes Kreuz (Holz durch Feuer in Kohle verwandelt)
7 *Rosen* (Farbe: Rosa-Violett)

Dieses Symbol soll Ihnen sagen:

Wie aus dem schwarzen Kreuz
Die roten Rosen,
So aus der Dunkelheit der Welt
Die Klarheit des Christus-Lebens.
(Verweilen mit diesem Gedanken 10 Minuten im Anblick des Kreuzes)

Am Morgen:

Rückschau auf die Ereignisse des vorhergehenden Tages. Vorstellung eines weißen Kreuzes aus weißem strahlenden Sonnenlicht, – 7 grüne Rosen.

Wie das grüne Leben
Im weißen Sonnenlicht,
So des Christus Leben
Im Menschenwerdelauf.
(15 Minuten)[59]

Der Schlüssel des Salomo

Meines Wissens gibt es in der Anthroposophie nur eine Bildmeditation, die nicht nur meditiert, sondern auch mit dem Körper «gezeichnet» werden kann. Dieses Symbol wird bisweilen «der Schlüssel des Salomo» genannt. Indem ich seit meinem vierundzwanzigsten Lebensjahr regelmäßig mit dieser Meditationsform arbeite, habe ich sie mir zu eigen gemacht und erfahre sofort die davon ausgehende harmonisierende Wirkung. In einem Zustand großer Erschöpfung wirkt diese Übung vitalisierend. Das Symbol entstammt der Schule der Rosenkreuzer und lässt sich bis in die Zeit von Aristoteles zurückverfolgen. Bis zum Anfang des neunzehnten Jahrhunderts wurde diese Übung in Kreisen der Rosenkreuzer praktiziert. Steiner gibt eine detaillierte Beschreibung der Übung im Vortragszyklus «Mysterienstätte des Mittelalters». Hier ein längeres Fragment: «Und so war es namentlich ein Symbolum, welches in dieser Gemeinschaft eine große Rolle spielte. Sie bekommen dieses Symbolum, wenn Sie diesen Salomonischen Schlüssel – so wird er gewöhnlich vorgeführt – auseinanderziehen, wenn Sie ihn so gestalten, verschieben, dass das hinunterkommt und das hinaufgeschoben wird.

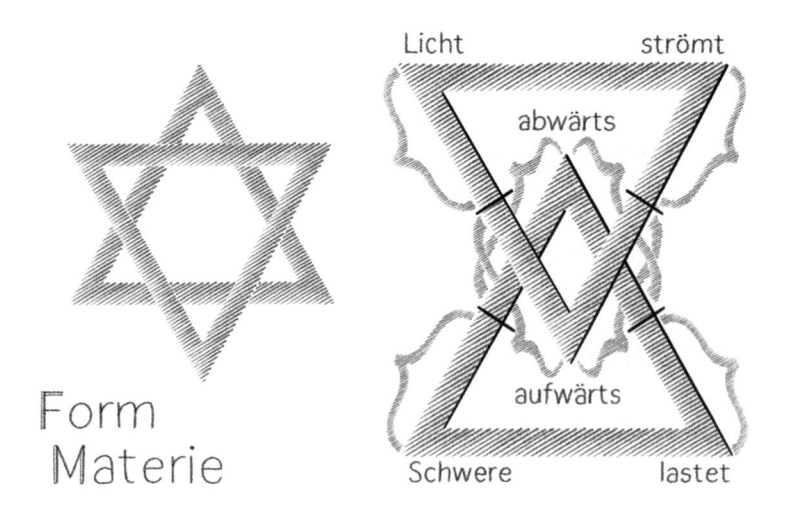

Abb. 2: Rudolf Steiner Verlag, GA 233a, Dornach, 12.01.1924 (Tafel 6)

Gerade dieses Symbolum, das spielte innerhalb jener kleinen Gemeinschaft, wie gesagt, auch noch im 19. Jahrhundert eine bedeutsame Rolle. Und jener Meister ließ dann die Angehörigen seines kleinen Schülerkreises eine bestimmte Attitüde ihres Leibes annehmen. Er ließ sie die Attitüde des Leibes annehmen, durch die gewissermaßen der Leib selber hinschrieb dieses Symbolum. Er ließ sie sich so stellen, dass sie die Beine etwas auseinanderspreizten und die Arme nach oben in dieser Weise einstellten. Dadurch kamen, wenn man die Arme nach unten verlängerte und die Beine nach oben verlängerte, eben diese vier Linien (starker Strich) am menschlichen Organismus selber zum Vorschein. Diese Linie verbindet dann die Füße, diese verbindet die Hände oben. Die anderen beiden kamen zum Bewusstsein als wirklich vorhandene Kraftlinien, indem dem Schüler klar wurde: Es gehen Strömungen wie elektromagnetische Strömungen dann von der linken Fingerspitze zur rechten Fingerspitze und wiederum von dem linken Fuß zu dem rechten Fuß. So dass tatsächlich der menschliche Organismus selber diese ineinander verschlungenen Triangeln in den Raum hineinschrieb. Und dann handelte es sich darum, dass der Schüler empfinden lernte, was da liegt in den Worten: Licht strömt aufwärts, Schwere lastet abwärts. Dann mussten die Schüler dieses in tiefer Meditation erleben, in der Attitüde, die ich eben beschrieben habe. Dadurch kamen sie allmählich dahin, dass ihnen der Lehrer sagen konnte: Jetzt werdet ihr etwas erleben, was tatsächlich in alten Mysterien immer wieder und wiederum geübt worden ist. – Und sie erlebten wirklich dies, dass sie in ihren Arm- und Beinknochen das Mark erlebten, das Knochenmark erlebten, das Innere des Knochens erlebten.

Sehen Sie, diese Dinge können nachempfunden werden dadurch, dass ein Zusammenhang hergestellt wird zwischen etwas, das ich Ihnen gestern gesagt habe, und dem, was ich Ihnen jetzt sage. Ich sagte Ihnen in einem gewissen Zusammenhange, dass der Mensch, wenn er wirklich nur so sich verhält, wie das im Laufe der Zeit üblich geworden ist, wenn er sich bloß abstrakt denkend verhält, dass das dann äußerlich bleibt, dass er gewissermaßen sich veräußerlicht. Gerade das Gegenteil tritt ein, wenn auf diese Art ein Bewusstsein von dem Knocheninnern auftritt.

Nun gibt es aber noch etwas anderes, wodurch Sie zum Verständnis dieser Sache geführt werden können. Sehen Sie, so paradox es Ihnen klingen wird, so muss ich doch sagen, dass ein solches Buch wie meine ‹Philosophie der Freiheit› nicht durch die bloße Logik begriffen werden kann, sondern durch den ganzen Menschen verstanden werden muss. Und in der Tat, was in meiner ‹Philosophie der Freiheit› über das Denken gesagt wird, wird man nicht verstehen, wenn man nicht weiß, dass der Mensch eigentlich das Denken erlebt durch die innerliche Erkenntnis, durch das innerliche Erfühlen seines Knochenbaues. Man denkt eben nicht mit dem Gehirn, man denkt in Wirklichkeit mit seinem Knochenbau, wenn man in scharfen Denklinien denkt. Wenn das Denken konkret wird, wie es in der ‹Philosophie der Freiheit› der Fall ist, dann geht es eben in den ganzen Menschen über.

Aber die Schüler dieses Meisters gingen eben noch über das hinaus, und sie lernten erfühlen das Innere der Knochen. Und damit hatten sie ein letztes Beispiel erlebt von demjenigen, was in alten Mysterienschulen vielfach üblich war: Symbole dadurch zu erleben, dass der eigene Organismus zu diesen Symbolen gemacht wurde, denn nur so kann man Symbole wirklich erleben. Das Deuten der Symbole ist eigentlich etwas Unsinniges. Alles Spintisieren über Symbole ist etwas Unsinniges. Das richtige Verhalten zu Symbolen ist das, dass man sie macht und erlebt, so wie man schließlich auch Fabeln, Legenden, Märchen nicht bloß im Abstrakten aufnehmen soll, sondern sich damit identifizieren soll. Es gibt immer etwas im Menschen, wodurch man in alle Gestalten des Märchens hineingehen kann, eins werden kann mit dem Märchen. Und so ist es mit diesen wirklichen, aus geistiger Erkenntnis stammenden Symbolen der alten Zeit. Und ich habe Ihnen solche Worte hier in deutscher Sprache hergeschrieben (siehe Seite 71).

Es ist natürlich für die neuere Zeit mehr oder weniger nur ein Unfug, wenn die nicht mehr voll verstandenen hebräischen Worte dafür hingeschrieben werden, denn dadurch wird der Mensch eigentlich innerlich nicht belebt, er erlebt nicht die Symbole, sondern er wird verrenkt. Es ist etwas, wie wenn ihm seine Knochen gebrochen würden. Und das geschieht einem eigentlich auch, geistig natürlich, wenn man mit Ernst solche Schriften wie die des Eliphas Levi liest.

Nun lernten also diese Schüler das Innere des Knochens erleben. Aber wenn man das Innere des Knochens anfängt zu erleben, dann ist man nicht mehr im Menschen. Gerade so wenig wie, wenn Sie Ihren Zeigefinger vierzig Zentimeter vor Ihre Nase halten und da einen Gegenstand haben, so wenig wie dieser Gegenstand in Ihnen ist, so wenig ist in Ihnen dasjenige, was Sie dann innerhalb Ihrer Knochen erleben. Sie gehen nach innen, aber aus sich heraus. Sie gehen wirklich aus sich heraus. Und dieses Aus-sich-Herausgehen, Zu-den-Göttern-Gehen, In-die-geistige-Welt-Hineingehen, das ist dasjenige, was nun die Schüler dieser einsamen kleinen Schule damit begreifen lernten. Denn sie lernten damit die Linien kennen, welche von der Götterseite her in die Welt hineingezeichnet waren, um die Welt zu konstituieren. Sie fanden nach der einen Seite, durch den Menschen hindurch, den Weg zu den Göttern.

Und dann fasste der Lehrer dasjenige, was da die Schüler erlebten, in einen paradoxen Satz zusammen, in einen Satz, der natürlich heute vielen Menschen lächerlich erscheinen wird, aber der, Sie werden es aus dem Angedeuteten erkennen, eine tiefe Wahrheit enthält:

Schau den Knochenmann
Und du schaust den Tod
Schau ins Innere der Knochen
Und du schaust den Erwecker

– den Erwecker des Menschen im Geiste, das Wesen, das den Menschen in Zusammenhang bringt mit der Götterwelt.»[60]

In dieser Übung sind drei Elemente – die für gewöhnlich getrennt sind – miteinander verbunden: die Bildmeditation (das Symbol), die Wortmeditation («Licht strömt aufwärts») und die physische Handlung, womit der Leib selber zum Symbol gemacht wird. Nachdem ich über vierzig Jahre mit dieser Übung gearbeitet habe, kann ich auch den letzten Schritt, der in die Erfahrung des Knochengerüsts hineinführt, mehr oder weniger verwirklichen.

Was in der Übung mit dem Schaffen eines Gleichgewichts zwischen den Kräften der Leichtigkeit und der Schwere anfing, wirkt harmonisierend. Der Meditierende empfindet sich in den Strömungen der aufstrebenden Levitationskräfte und der nach unten lastenden Kräfte der Schwere eingebettet, die überall auf der Erde wirksam sind.

Im zweiten Teil der Meditation wird die Aufmerksamkeit nach innen gelenkt, bis ins Knochenmark, wo buchstäblich aus einem Todesprozess heraus Leben geboren wird. Für das materialistische Bewusstsein hört sich das natürlich absurd an, dass man nach innen geht, aber gleichzeitig nach außen in die geistige Welt.»

Die folgende Erfahrung zeigt diese paradoxe Situation in aller Deutlichkeit. Beschrieben wurde sie von Walter Johannes Stein (1891–1957), einem der Pioniere der Freien Waldorfschule Stuttgart. Als er Rudolf Steiner seine spirituelle Erfahrung mitteilte, bestätigte Steiner dessen Erfahrung und gab ihm Hinweise, wie die Erfahrung zu vertiefen sei. Hier ein Fragment aus einer längeren Darstellung: «So begegnete ich dem Tod, indem ich mein eigenes Skelett von außen sah, während ich im Mund den Geschmack von Asche hatte. Ich wusste, dass ich mich in einer vom Leibe unabhängigen Welt befand. (...) Diese Erfahrungen treten auf, sobald das menschliche Bewusstsein den Weg zum leibfreien geistigen Erleben gefunden hat.»[61]

Die Bildmeditation des Rosenkreuzes und des Schlüssels Salomos sind Teil eines Symboluniversums, das insbesondere in der westlichen esoterischen Strömung entwickelt worden ist. Die drei ursprünglichen Rosenkreuzer Texte (Fama, Confessio und Chymische Hochzeit des Christian Rosenkreutz) enthalten eine große Fülle solcher Symbole. Die sichtbare Bildsprache, wie sie jahrhundertelang von den Rosenkreuzern benutzt wurde, ist im Buch *Geheime Figuren der Rosenkreuzer aus dem 16ten und 17ten Jahrhundert* abgedruckt – mit einer Ergänzung auf der Titelseite: *Bildnisweise vor die Augen gemahlet.*

Sich diese Symbolik zu eigen zu machen, ist ein Studium und eine Meditationsschule für sich.[62]

11 Wortmeditation

Der Sinn des Meditierens eines Textes liegt darin, die Worte zum Leben zu erwecken. Dafür gibt es viele unterschiedliche Methoden. Für gewöhnlich fange ich damit an, den Text auswendig zu lernen. Allerdings: «der Kopf will immer etwas Anderes, das Herz will immer das Gleiche» (Spruch der Mönche auf dem Berge Athos): Durch anhaltende Wiederholung lernt man den Text *by heart*. Benutze die Worte als Reiseführer, als Vademecum (wörtlich: «geh mit mir»). Im Gehen verbinden wir Kopf, Herz, Hände und Füße mit dem Text – und der Text spricht sich wie von selber. Benutze die Worte wie ein Okular – wie sieht die uns umgebende Welt aus, wenn wir dadurch schauen? So bin ich oft durch eine große Stadt gelaufen mit dem Satz aus dem Lukasevangelium «Der Himmel und die Erde werden vergehen, meine Worte aber werden nicht vergehen.» (Lukas 21:33) Die größenwahnsinnigen Wolkenkratzer in New York lösen sich bei diesen Worten auf ...

Eduard Lenz, der zu den herausragendsten Pionieren der Christengemeinschaft gehörte, musste als junger Soldat die Grauen des Zweiten Weltkrieges durchleben. In einem Brief an seine Frau Friedel schreibt er: «Mitten in den Spannungen der Fahrt verschaffte mir der griechische Text der Apokalypse eine wunderbare Ruhe. Ich merkte, wie die Worte, sobald sie in den Sinn kräftig aufgenommen werden, eine Atmosphäre bilden. Ich werde diesen Zaubermantel noch öfters gebrauchen, um dahin zu fliegen, wohin das Herz verlangt.» Und in einem Brief an seinen Kollegen Emil Bock: «Die Apokalypse ist das Vademecum [Handbuch] derer, die sich zu Weltkämpfer rüsten wollen.» (Womit er in diesem Fall den Geisteskampf zu überleben meinte.)[63]

Übrigens finden wir in diesen Zitaten einen Hinweis, der für die Verwendung einer Wortmeditation hilfreich ist. Lenz meditierte den Text in der ursprünglichen Sprache, im Griechischen. So konnte er sich mit dem Verfasser, Johannes, dem ersten christlichen Eingeweihten, am intensivsten verbinden. «So sollen wir also die Meditationsworte in unserer Seele leben lassen, ohne darüber zu grübeln; wir sollen vielmehr den geistigen Inhalt der Worte gefühlsmäßig zu erfassen suchen, uns ganz damit durchdringen. Es liegt die Kraft dieser Worte nicht nur im Gedanken, der sich darin ausdrückt, sondern auch im Rhythmus und Klang der Worte. Den sollen wir erlauschen, und wenn wir jedes Sinnliche dabei ausschließen, können wir sagen, wir sollen im Ton der Worte schwelgen. Dann tönt die geistige Welt in uns hinein. Weil es so sehr auf den Wortklang ankommt, so kann man eine Meditationsformel nicht ohne weiteres in eine fremde Sprache übersetzen. Das, was wir an Meditationsformeln in deutscher Sprache bekommen haben, ist auch direkt für uns so aus der geistigen Welt herabgeholt worden. Jede Formel, jedes Gebet hat in seiner Ursprache die größte Wirkung.»[64]

Selbstverständlich ist mir klar, dass diese Form des Meditierens, in der ursprünglichen Sprache, oft genug nicht möglich sein wird. Doch bei einigen Texten, wie zum Beispiel beim Vaterunser, habe ich mich nach und nach in den lateinischen, griechischen und aramäischen Text hineingefunden. «Geradeso ist es mit dem Vaterunser. In deutscher Sprache gesprochen, wirkt fast nur noch der zugrunde liegende Gedanke. Besser schon wirkt das lateinische ‹Pater noster›, aber die ganze Kraft und Fülle kommt nur in der aramäischen Ursprache zum Ausdruck.»[65] (siehe auch Fußnote 58)

In der ursprünglichen Form, in der das verstandesmäßige Verstehen kaum eine Rolle spielt, fangen wir an – im Lauschen und Sprechen –, ein Gehör für die «Musik» in der Sprache zu entwickeln. In Bezug auf das Vaterunser: Diese Worte entfalten erst ihre Wirksamkeit, wenn ich sie innerlich höre, bevor ich sie ausspreche. Sie entstammen (als einziges Gebet, das – neben dem Hohenpriesterlichen Gebet [Johannes 17] – wörtlich überliefert worden ist) unmittelbar Christus. Nicht nur das Meditieren des Vaterunsers, sondern auch das Sprechen dieses Gebetes wird eine ganz andere Erfahrung, wenn ich jeden Satz, wie von Christus gesprochen, erst höre, bevor ich spreche. Erst durch die Qualität des lauschenden Sprechens und des sprechenden Lauschens entfaltet dieses Gebet seine volle Wirksamkeit.

Simone Weil (1909–1943), ursprünglich Sozialistin und Atheistin, arbeitete eine Weile täglich mit dem Vaterunser in griechischer Sprache, um das Griechische kennenzulernen. Sie lernte es auswendig und sprach es täglich morgens und während ihrer Arbeit bei der Weinlese. «Die Kraft dieser Übung ist ausserordentlich und überrascht mich jedes Mal, denn, obgleich ich sie jeden Tag erfahre, übertrifft sie jedes Mal meine Erwartung. Mitunter auch ist während dieses Sprechens oder zu anderen Augenblicken Christus in Person anwesend, jedoch mit einer unendlich viel wirklicheren, klareren und liebevolleren Gegenwart als das erste Mal, da er mich ergriffen hat.»[66] (siehe auch Fußnote 59)

Je mehr man zu den Quellen der Sprache zurückgeht, desto mehr haben die Worte einen mantrischen Charakter. Hier ein Beispiel aus dem Alten Testament mit dem hebräischen Text von Jesaja 7:9, der phonetisch geschrieben lautet:

Imlo ta aminu kilo te amenu.

In den Silben ist ein markanter Rhythmus erkennbar: Im-ló-ta amínû kiló te āménu: viermal hintereinander kurz-lang-kurz. Auch die Reihenfolge der Vokale folgt einer Sequenz: i-o-a-a-i-u. In der Übersetzung Martin Luthers ist die mantrische Qualität noch einigermaßen erhalten geblieben:

Glaubet ihr nicht, so bleibet ihr nicht.

Auch in anderen Bibelübersetzungen, wie zum Beispiel der Martin Bubers, findet sich noch ein wenig von dieser Qualität:

Vertraut ihr nicht, bleibt ihr nicht betreut.

In wieder anderen, wie der Elberfelder Bibel, ist alles Poetische spurlos verschwunden:

*Wenn ihr nicht glaubet, werdet ihr, fürwahr,
keinen Bestand haben!*

Was nicht heißen soll, dass spätere Übersetzungen und Überarbeitungen immer ein Verlust gewesen wären.

Bei solchen aus der Vergangenheit überlieferten Texten beschäftigen uns auch andere Faktoren neben Klang und Rhythmus. Je mehr wir spätere Gebets- und Meditationsformen ins Auge fassen, desto mehr spielt das gedankliche Element eine Rolle. Heutzutage ist das suggestive Element, das sinnlich Erlebbare eines Mantras, mehr in den Hintergrund geraten. Wir wollen *verstehen*, was wir lesen: Um dann aus dem Verstehen heraus zum Erleben zu gelangen. Auch das Denken, an das in unserer westlichen Gesellschaft ständig appelliert wird, muss Bestandteil unserer spirituellen Entwicklung werden. Wenn dies nicht geschieht, beginnt es ein Eigenleben zu führen. Es geht jedoch in unserer heutigen Zeit gerade darum, dass *alle* Seelenkräfte mobilisiert werden, um sozusagen als «vollständiger Mensch» zu meditieren.

12 Morgens und abends, Tag und Nacht

Leg es unter dein Kissen

(Kolumbianisches Sprichwort)

Redensarten für die Qualitäten von morgens und abends, von Tag und Nacht finden wir in vielen Sprachen. Kommt uns die Antwort auf eine Frage nicht in den Sinn, sind wir gut beraten, *eine Nacht darüber zu schlafen, denn der Morgen ist weiser als der Abend*, so spricht Baba Yaga, die Hexe in den russischen Märchen. In Kolumbien braucht man die Frage nur *unters Kissen zu legen* – und der nächste Morgen bringt die Antwort. In den Niederlanden wie in Deutschland sagt man: *Morgenstund' hat Gold im Mund*. Die Amerikaner sagen es etwas bodenständiger, *down to earth*, und behaupten: *The early bird catches the worm*.

Meditation und Gebet fangen an zu fruchten, wenn wir ihnen den richtigen Platz zwischen Tag und Nacht einräumen. *Womit man bei Tage umgeht, davon träumt man nachts*. Und ein Schweizer Sprichwort lautet: *Die Nacht spült ab, was der Tag eingeseift hat*.

Optimal wirkt Meditation, wenn wir dazu die Augenblicke vor dem Einschlafen und kurz nach dem Aufwachen nutzen. Man könnte die letzte Aktivität eines Tages vergleichen mit einem Ruderboot, dem man einen kräftigen Schubs gibt, um es in die Mitte des Stroms zu bewegen: Man gibt seinem Schlaf eine Richtung. Der umgekehrte Fall tritt ein, wenn man weit über den Durst getrunken hat. Mehr oder weniger bewusstlos schläft man ein, findet keine Erholung und erwacht am nächsten Tag mit einem furchtbaren Kater.

Wenn man nach dem Aufwachen den Faden der Meditation wieder aufgreift, kann geerntet werden, was am Abend zuvor gesät wurde. In früheren Zeiten pflegten die Bauern oft bei Sonnenuntergang auf einer Bank vor dem Haus zu sitzen und sich dann erst schlafen zu legen. Um dann morgens nach dem Aufwachen bei geschlossenen Vorhängen noch eine Weile im Bett zu liegen, nachsinnend über das nächtliche Geschenk, bevor mit den täglichen Pflichten begonnen wurde. Das ist zwar noch kein meditieren, aber diese Gewohnheit bezieht sich doch auch auf die Qualitäten von Morgen und Abend, Tag und Nacht.

In diesem Zusammenhang ist in der Bildsprache des Evangeliums nicht die Rede von *säen und ernten*, sondern davon, *das Netz auszuwerfen und Fische zu fangen*. Bemerkenswert ist der Unterschied zwischen dem «wunderbaren Fischfang» als eine Anfangsaufgabe an die Jünger und der Anweisung zum richtigen Fischen, ausgesprochen *nach* der Auferstehung Christi. Simon Petrus erhält, nachdem er eine ganze Nacht lang vergeblich gefischt hat, den Auftrag, weiter hinaus ins tiefe Wasser zu fahren und dort zu fischen: «Simon gab zur Antwort: «Meister, die ganze Nacht haben wir uns gemüht und nichts gefangen; aber, weil du es sagst, will ich die Netze auswerfen.» Sie taten so und fingen eine große Menge Fische, so dass ihre Netze zu reißen begannen; und sie winkten ihren Genossen in dem andern Boot, sie sollten kommen und mit anfassen. Die kamen, und sie füllten beide Boote, so dass sie tief einsanken.» (Lukas 5:5–7) Dies ist der Moment, wo Simon berufen wird, «Menschenfischer» zu werden und Jesu zu folgen.

Ganz anders der Ablauf des Fischfangs nach der Auferstehung. Diesmal bekommen die Jünger den Auftrag: «Werfet das Netz aus an der rechten Seite des Bootes, so werdet ihr finden.» (Johannes 21:6) Auch jetzt gibt es eine Überfülle von Fischen. Den Jüngern gelingt es, alle Fische, *hundertdreiundfünfzig*, an Land zu bringen. «Und obwohl es so viele waren, riss das Netz nicht.» Im Gebet und in der Meditation lebend, können die Jünger jetzt die verborgenen Schätze der Nacht zutage fördern und bergen, während bei der anfänglichen Aufgabe die Netze rissen. Verschiedene Interpretationen der Zahl 153 (Augustinus, Thomas von Aquin, die Kabbala) enthalten, in unterschiedlichen Variationen, immer Hinweise auf eine Fülle, eine Vollkommenheit. So berichtet Augustinus, dass in der Antike 153 unterschiedliche Fischarten bekannt waren: Alles wurde aus den Tiefen des Wassers heraufgebracht. Dazu muss das Netz zur rechten Seite, der aktiven, bewussten Seite des Innenlebens ausgeworfen werden. Nur wenn wir mit vollem Bewusstsein meditieren und beten, können wir die Ernte der Nacht ins Boot bringen. So wirkt Meditation und Gebet: die im Dunkeln verborgenen Schätze werden ans Licht gebracht.

Etwas von dieser Gesetzmäßigkeit des Säens und Erntens, des Netze-Auswerfens und Fische-Fangens, kann man schon üben, wenn man mehrere Tage und Nächte mit einer Gruppe Menschen zusammenarbeitet. Während fünfzig Jahren habe ich fast jeden Sommer in Ferienlagern Kinder und Jugendliche betreut. Wenn es mit den Kindern Schwierigkeiten gab und wir uns vor die Aufgabe gestellt sahen, eine Lösung zu finden, nutzten wir die Abendbesprechung, um das betreffende Kind so objektiv wie nur möglich zu beschreiben und die richtigen Fragen zu formulieren in Bezug auf das Rätsel, das dieses Kind uns anheimstellte. Nachdem eine Nacht darüber geschlafen wurde, ergaben sich oft Antworten, die uns halfen voranzukommen. Ein Spruch, im Kreis der Lagermitarbeiter gesprochen, begleitete diesen Prozess.

ABEND

Lausche den Stimmen derer
die uns vorangingen.
Sie haben den Weg bereitet.
Ihre Augen richten sich
auf unserer Hände Arbeit.

Lausche der Stimme deines Nächsten,
der die erlösenden Worte sucht,
seinen eigenen Weg zu erkennen,
inmitten der Umwege.

Lausche den Stimmen der Kinder
die auf unerschlossenen Wegen suchen

was sich gebären will
aus den Wehen der Zeit.

Lausche auf die Stimme deines Herzens
die nur in der Stille dir sagen kann,
woher du kommst,
wohin du gehst,
wer du bist.

Am Morgen wurde ein Text gesprochen, der an den umgekehrten Willen appellierte (siehe Kapitel 8, *Schulung des Wollens*). Kann ich das Geschenk der letzten Nacht aufspüren?

MORGEN

Was im Schlafe erklungen ist
und in der Stille gesprochen wurde,
möge an diesem Tag erscheinen.

Sei es auch untergegangen
im Vergessen –
ich kann es aus der Nacht erschließen.

Dass die Begegnung
mit meinem Nächsten
die Antwort ergeben möge,

wenn ich wachsam
auf dem Weg wandere,
der auf mich wartet.

Bastiaan Baan

Während einiger Jahre durfte ich eine stille Heldin bis zu ihrem Tod begleiten. Alle diese Jahre war sie bettlägerig. Ihre Welt beschränkte sich auf ihr Krankenzimmer und fortwährend wurde sie von chronischen Schmerzen und Schlaflosigkeit hart geprüft. In dieser Zeit voller Entbehrungen zeigte sich ihre Meisterschaft. Ihr erschlossen sich die Geschenke, die die geistige Welt uns täglich anreichen will. So zeichnete sie während der vier Adventswochen die Wolken, die sie durchs Fenster sehen konnte – und erlebte auf dieser Weise das Herannahen des Weihnachtsfestes. Ihr Blick war vom Fensterrahmen eingeschränkt, sie sah nur einen Teilausschnitt des Himmels und konnte trotzdem die wachsende Intensität der vier Adventswochen erkennen und zeichnen. In ihren schlaflosen Nächten erlebte sie immer wieder von Neuem die Ängste und die Panik aus der Zeit, in der sie im Zweiten Weltkrieg in der Widerstandsbewegung gearbeitet hatte – und jeden Morgen betete sie für all die Menschen auf der Erde, die in Kriegen ähnliche Ängste durchstehen mussten. Sie selbst nannte diese Jahre der Prüfungen ihre «Wüstenwanderung», gleichzeitig aber wurden ihr täglich die «Wüstenrosen» bewusst, wie sie die Geschenke aus der geistigen Welt nannte.

Abb. 3: «Fries der Lauschenden», 1930–1935
Eichenholz, Ernst Barlach (1870–1938)

Abb. 4: «Fries der Lauschenden», 1930–1935
Eichenholz, Ernst Barlach (1870–1938)

«Früher erhielt der primitive Mensch Gebete, die er abends vor dem Einschlafen und morgens nach dem Erwachen sprach, und das war gut, denn er stärkte seine Seele mit geistigen Kräften, indem er, bevor er in die höheren Welten ging, seine Seele auf sie vorbereitete und, nachdem er sie verlassen hatte, die Seele noch einmal mit den höheren Kräften durchdrang, sozusagen sich Seelenkräfte heraussaugte aus den geistigen Welten. Die drei unter dem Menschen stehenden Reiche, das Mineral-, Pflanzen- und Tierreich, sind durchdrungen von geistigen Kräften, die sich immer erneuern; ebenso die vier Elemente Feuer, Wasser, Luft und Erde. Beim Menschen ist das anders. Wenn er sich nicht selber mit diesen geistigen Kräften in Verbindung setzt, so erhält er sie nicht. Wenn er einschläft, ohne sich vorbereitet zu haben, so erhält er in den Welten, in die er dann eintritt, keine Zufuhr geistiger Kräfte. Der materialistische Mensch, er sei noch so gelehrt, wissenschaftlich noch so hochstehend: Wenn er des Abends unvorbereitet in die geistigen Welten eingeht, so steht er in ihnen tief unter dem einfachen, primitiven Menschen, der sich durch sein Gebet schon mit ihnen in Verbindung gesetzt hat. In unserer materialistischen Zeit (...) hat der Mensch mehr und mehr das Beten vergessen. Er schläft ein und erwacht mit seinen alltäglichen Gedanken. Was tut er aber damit? Denn es geschieht etwas durch diese Unterlassung. Er tötet jedes Mal etwas vom geistigen Leben, von den geistigen Kräften auf dem physischen Plan. Der Mensch geht bewusstlos in die geistigen Welten ein.»[67]

Schließlich können wir in den meditativen Qualitäten von Abend und Morgen auch die ihnen innewohnenden Eigenschaften von sprechen und zuhören erkennen. Ein Gebet oder eine Meditation am Abend hat mehr fragenden Charakter, ein Dankeswort, einen Ruf an die geistige Welt. Wer in einer Notsituation steckt, kann ein Gebet wie einen Feuerwerkskörper in den Himmel «schießen», ein Stoßgebet sprechen. Der Morgen ist der geeignetste Augenblick, um vertieft zuzuhören, zu lauschen: Was hat die geistige Welt mir letzte Nacht sagen wollen?

Der Bildhauer Ernst Barlach (1870–1938) hat wie kein anderer die unterschiedlichen Qualitäten des Lauschens studiert: In neun Plastiken mit dem Namen *Fries der Lauschenden* verleiht er diesen Qualitäten Ausdruck. Während seiner Arbeit daran geriet er in eine schwere Krise. Das «Produkt» dieser Krise ist die Figur des Blinden. Barlach schreibt an einen Freund: «Ich sagte Dir damals, dass es ein Gesetz gibt, dass keine Arbeit gelingt, ohne durch eine schwere Krise vertieft zu werden. Nach diesem Indiz steht es mit dem Ganzen des Werkes gut, danach darf es sich sehen lassen.»

Von allen Figuren, die hier abgebildet sind, zeigt der Blinde vielleicht am deutlichsten das Lauschen in seiner intensivsten Art und Weise. Von blinden Menschen ist bekannt, dass sie oft ein sehr sensibles Gehör ausbilden. Nicht nur für das, was gesagt wird, sondern auch *wie* es gesagt wird; sozusagen die in einer Sinneserfahrung enthaltene «moralische Musik».

Ein sprechendes Beispiel beschreibt der blinde Schriftsteller Jacques Lusseyran (1924–1971), der frühmorgens lauscht, was der ihm sich entfaltende Tag mitzuteilen hat. Sagen wir nicht: «Es hängt in der Luft?» Lusseyran entwickelt durch inneres und äußeres Lauschen eine fast unfehlbare Intuition für Menschen und Ereignisse: «Jeden Tag – auch sonntags – stand ich um halb fünf auf, vor Tagesanbruch. Dann kniete ich zuerst nieder und betete. ‹Mein Gott›, sagte ich, ‹gib mir die Kraft, meine Versprechungen zu halten (…).› Dann beugte ich mich aus dem Fenster, um auf Paris zu lauschen. Ich nahm Paris ernster als je zuvor. Nicht dass ich mir etwas vorgemacht hätte, dass ich mich für die ganze Stadt verantwortlich gefühlt hätte! Doch in dieser halb betäubten Stadt, die jede Nacht von zwölf bis fünf Uhr unter der Sperrstunde erstarrte, war ich seit drei Tagen einer der Verantwortlichen geworden.»[68] (siehe auch Fußnote 61)

Auch wenn Morgen und Abend die geschicktesten Augenblicke für Meditation und Gebet sind, gibt es während des Tages zahllose andere Möglichkeiten, eine Verbindung zur geistigen Welt zu pflegen. Gewisse Menschen brauchen Stunden, um ganz wach zu werden, bis sie dann in der Lage sind, zu meditieren; andere schlafen prompt ein, wenn sie abends meditieren. In solchen Fällen muss man den eigenen optimalen Zeitpunkt finden und nicht verkrampft am Moment des Einschlafens und des Aufwachens festhalten. Denn: Womit man bei Tage umgeht – egal zu welcher Uhrzeit –, davon träumt man nachts.

Das meist Wesentliche im Umgang mit der Zeit nannte Rudolf Steiner mal «die Heiligkeit des Schlafes»:

«Ich schlafe ein. Bis zum Aufwachen wird meine Seele in der geistigen Welt sein. Da wird sie der führenden Wesensmacht meines Erdenlebens beggnen, die in der geistigen Welt vorhanden ist, die mein Haupt umschwebt, da wird sie dem Genius begegnen. Und wenn ich aufwachen werde, werde ich die Begegnung mit dem Genius gehabt haben. Die Flügel meines Genius werden herangeschlagen haben an meine Seele.»[69]

13 Der Weg nach innen
Der Weg nach außen

> Achte auf Deine Gedanken,
> denn sie werden Deine Worte.
> Achte auf Deine Worte,
> denn sie werden Deine Handlungen.
> Achte auf Deine Handlungen,
> denn sie werden Deine Gewohnheiten.
> Achte auf Deine Gewohnheiten,
> denn sie werden Dein Charakter.
> Achte auf Deinen Charakter,
> denn er wird Dein Schicksal.
>
> Charles Reade (1814–1884) zugeschrieben, möglicherweise ursprünglich aus China

In den Kapiteln 2 und 3 dieses Buches deutete ich bereits auf die Notwendigkeit hin, für Meditation und Gebet buchstäblich wie auch im übertragenen Sinne die Tür zu schließen. In seinen Anweisungen zum Gebet benutzte Christus ein radikales Bild: «Du aber, wenn du beten willst, geh in deine Kammer, schließe deine Türe und bete zu deinem Vater, der im Verborgenen ist.» (Matthäus 6:6) Dreifach ist in diesem Satz die Rede von einer Welt, die dem Auge verborgen ist: «Geh in deine Kammer». An dieser Stelle wird das griechische Wort *tameion* verwendet, womit die Vorratskammer angedeutet wird. Ein Raum, der nur eine Tür und keine Fenster hatte: ein völlig dunkler Raum, der als einziger im Haus abgeschlossen werden konnte. «Schließe die Tür»: Ich schließe die physische, sichtbare Welt aus und schließe meine Augen. «Und bete im Verborgenen» (griechisch: *krypto*).

Für diese äußerliche wie auch innere Bewegung brauchen wir (nach dem Wortlaut der Apokalypse) «den Schlüssel Davids

(...) der öffnet, und niemand kann schließen, der schließt, und niemand kann öffnen.» (Apokalypse 3:7)

Im Laufe der Jahre habe ich bemerkt, dass diese extreme Kehrtwende nach innen eine «Schleuse» braucht. Den meisten Menschen gelingt es nicht von jetzt auf gleich die Türe zu schließen. Wenn wir das versuchen, verfolgen uns die Unruhe und das Chaos des Alltags. Die meisten Menschen können nicht auf Kommando – «Jetzt wird stillgestanden!» – dies auch umsetzen. Wie in einer Schleuse, in der die Boote zwischen zwei Toren in Ruhestellung liegen müssen, bevor sie weiterfahren, so auch ist es nötig, die Eindrücke des Alltags sich setzen zu lassen, bevor wir in unsere innere Kammer eintreten. Dies ist der eigentliche Grund, warum das Meditieren heutzutage so schwierig ist: Die täglichen Belastungen, der Zeitdruck und das atemberaubende Tempo der Ereignisse verfolgen uns ständig – es sei denn, wir schließen hinter uns eine Tür, bevor wir die Tür zur Meditation öffnen.

Hier will ich eine bemerkenswerte Initiative erwähnen, die zeigt, wie hinter verschlossenen Türen ein meditatives Leben nicht nur möglich ist, sondern auch zur Befreiung führen kann.

In den Vereinigten Staaten steht eine kleine Gruppe Anthroposophen in ständigem schriftlichem Kontakt mit hunderten von Häftlingen, die sich für Anthroposophie interessieren. Ihre Initiative mit dem Namen *Prison Outreach* ermöglicht die Zusendung von Büchern Rudolf Steiners in die Gefängnisse. Zweimal jährlich erscheint ein Rundbrief *Anthroposophical Prison Outreach Newsletter*. Darin veröffentlichen nicht nur Schriftsteller mit anthroposophischem Hintergrund, sondern enthalten sind auch dutzende Beiträge von Häftlingen, die eindrucksvoll beschreiben, wie sie mit den Inhalten dieser Bücher arbeiten.[70]

In der Isolation werden mit einer oft bewundernswerten Intensität das Studium der Anthroposophie wie auch das Meditieren gepflegt. Mit einem dieser Häftlinge, der mittels Meditation zu Imaginationen der christlichen Einweihung geführt wurde, stehe ich in regelmäßigem Kontakt. Von seinen Erfahrungen berichtet er: «Als ich ins Gefängnis kam, hatte ich nicht die Möglichkeit, aus mir selbst heraus meine Gewohnheiten zu ändern. Als ich in die Zelle eingeschlossen wurde, gab es keinen Alkohol und keine Drogen mehr. Nach einer furchtbaren Zeit der Entwöhnung fing ich an zu beten und zu meditieren. In der Gefängnisbibliothek gab mir der Wärter eine Ausgabe der Zeitschrift *Anthroposophical Prison Outreach*. Sie schickten mir die Vorträge Rudolf Steiners zum Lukasevangelium. Alle Vorträge schrieb ich in mein Notizbuch ab. Ich fing mit den sechs Nebenübungen an. Jeden Tag habe ich daran gearbeitet. Ich spürte: Dies ist ein Segen! Aus dem Gefängnis kann ich nicht heraus. Ich muss mich ändern. Nachts hatte ich Eindrücke der Fußwaschung. Mitten in der Nacht war es, als ob jemand meine Füße mit Öl salbte. Mir wurde von den Füßen bis zum Kopf warm und ich erlebte eine Liebe, die alle irdischen Vorstellungen übersteigt. Ich weinte. Am nächsten Morgen las ich zum ersten Mal in meinem Leben bei Rudolf Steiner, was christliche Einweihung ist.»

Dieser Mann ist nach seiner Entlassung aus dem Gefängnis Mitarbeiter in einem Heim für junge Flüchtlinge und Obdachlose geworden. Während der Jahresversammlung der nordamerikanischen Anthroposophischen Gesellschaft hat er den Zuhörenden seine Lebensgeschichte vorgetragen. Seitdem arbeitet er regelmäßig mit einem Priester der Christengemeinschaft und einigen Jugendlichen in einer Meditationsgruppe zusammen.

Ein anderer Häftling schreibt Folgendes zu seinen Erfahrungen mit Meditation hinter verschlossen Türen: «Wahre Freiheit habe ich im Gefängnis bekommen; alle meine vermeintlichen Bürden sind von mir abgefallen. Ich lerne, wie ich durch Meditation meinen Geist gegen negative Kräfte abschirmen kann. Ich habe sechs Jahre ununterbrochene Einzelhaft durchgemacht. Das ist das Beste, was mir je passiert ist. Wenn dir alles abgenommen wird, bleibt nur noch der perfekte Pfad übrig. Ich will alle meine Zeit im Gefängnis nutzen, um mich auf mein nächstes Leben vorzubereiten und meine karmischen

Schulden auszugleichen. Meine Freilassung ist im Jahre 2041. Ich werde dann 68 Jahre alt sein.»

Sinnsuche im Gefängnis

Früh steh ich auf
Zwischen den Mauern
von Licht und Dunkel
noch vor Tagesanbruch meditierend
In nächtlicher Stille
von Geräuschen umgeben
die aus der Lüftung strömen
der Ventilator bläst
irgendwer spült die Toilette
irgendeiner lässt leise Musik spielen
irgendwer weint alleine
Gefängnisstille umgibt mich
um zu meditieren verlasse ich mein Denken
die Sonne geht über mir auf
derweil Tränen mir über die Wangen laufen

Diese außergewöhnlichen Erfahrungen hinter uns lassend, kehren wir zu unseren alltäglichen Hindernissen zurück. Wie können wir ein Schleusentor errichten zwischen unserem chaotischen Leben und der Stille einer Meditation?

Es gibt mehrere Methoden. Aus der Vielfalt wähle ich diese zwei aus:

Statt sofort den Inhalt der Meditation anzugehen, konzentriere ich mich auf einen ruheschaffenden Sinneseindruck. Eine Stelle, an der ich täglich meditiere, bietet mir einen Blick auf den Himmel über den Dächern der Häuser – dort sauge ich die Eindrücke der Himmelsbläue und der Wolken in mich auf. An der anderen Stelle blicke ich auf ein Gemälde, das das Spiel von Licht und Schatten, Wolken und Wasser abbildet. Die deutsche Malerin Ninetta Sombart (1925–2019) erlebte auf ihrer Israelreise die Anwesenheit Christi in den Naturelementen: An einem frühen Morgen, vor Sonnenaufgang, lief sie dem See von Galiläa entlang. Ein Fischer zog seine Netze voller zappelnder, glänzender Fische aus dem Wasser. Die Eindrücke des herannahenden Sonnenaufgangs, der Wolken, des klaren Wassers und der Fische vereinigten sich in diesem Gemälde, auf welchem am Ufer des Sees Christus abgebildet ist. *Frühmal* lautet der Titel dieses Gemäldes, das das Mahl der Jünger nach der Auferstehung darstellt (Johannes 21). Auf die Eindrücke dieser Arbeit komme ich am Ende des Kapitels noch zurück.

Immer besteht das Bemühen darin, in der Schleuse zwischen Außen- und Innenwelt, Sinneseindrücke (visuelle, auditive oder andersartige) in innere Vorstellungen umzusetzen, die unsere volle Aufmerksamkeit in einer Empfindung der Ruhe konzentrieren. Erst wenn die Seele zu Ruhe gekommen ist, erschließen sich die Bilder oder Worte der Meditation.

Genauso wichtig wie der Weg von außen nach innen, der der Meditation vorangeht, ist der umgekehrte Weg, auf dem wir zu unseren täglichen Pflichten zurückkehren. Einerseits soll die Meditation zu einem Abschluss kommen, andererseits ist es ganz wesentlich, die Früchte der Meditation wie innere Ruhe, Harmonie und Konzentration im Alltagsleben produktiv anzuwenden. Ein Meister auf diesem Gebiet ist der deutsche Jurist Ernst-Martin Krauss. In einem Interview beschreibt er, wie er – ausgehend vom logischen Denken, das er als Jurist entwickelt hat – durch Naturwahrnehmungen und intensive Meditation zu der Wahrnehmung der geistigen Welt in der Natur gelangt.[71] Für ihn ist dabei Meditation die beste Vorbereitung, Natureindrücke aufzunehmen – und zugleich die Frucht der Meditation an die Natur zurückzuschenken. Darauf komme ich in Kapitel 14, Lesen im Buch der Natur, zu sprechen.

Die Methode von Ernst-Martin Krauss zeigt, dass es auch einen Weg von innen nach außen gibt. Dazu aber braucht man gute Vorbereitung und Erfahrung. Wenn man gerade erst mit Meditieren angefangen hat, ist es ratsam, die Tür rigoros zu

Abb. 5: «Frühmal», Ninetta Sombart (1925–2019)

schließen – und dann wieder zu öffnen. Für den geübten Meditierenden besteht die eigentliche Aufgabe darin, ein harmonisches Wechselspiel zwischen den zwei Welten der *vita activa* und der *vita contemplativa* zu erzeugen.

Ein Mystiker des 20. Jahrhunderts hat das alte Prinzip *ora et labora* (bete und arbeite) während eines sehr aktiven Berufslebens verwirklicht. Herbert Hahn arbeitete als Lehrer an der ersten Waldorfschule und als Schriftsteller und Vortragsredner in vielen Ländern Europas. Nebenher pflegte er ein intensiv meditatives Leben. In zwei kernigen Sätzen zeigt er auf, wie innere Ruhe und äußere Aktivität ineinander verwoben werden können:

> Wenn ich wahrlich still bin
> wirkt Gott in mir.
> Wenn ich wahrlich arbeite
> ruh' ich in Ihm.

In diesen Worten findet sich das Geheimnis der Regeneration.

Die französische Sprache hat eine besondere Bezeichnung für die Art von Ruhe, in der man sich regeneriert, *se reposer:* Man erholt sich, man stellt sich erneut ein auf die Welt, aus der Gott wirksam ist. Eine wörtliche französische Übersetzung des Psalm 62:2 lautet: *Sur Dieu seul mon âme se repose paisiblement.* Zu Deutsch: Nur in Gott kommt meine Seele zur vollkommenen Ruhe.

Aus dieser Stille heraus kann man zur täglichen Arbeit zurückkehren – und seine Arbeit zu einem Kunstwerk gestalten. Das dies nur selten gelingt, hängt mit dem Vielen, das uns von dem Einen ablenkt, zusammen, mit dem Zeitdruck, mit dem Gefühl der Sinnlosigkeit, das wir oft empfinden, wenn wir etwas tun *müssen.* Aber aus eigener Erfahrung kennen wir auch die Arbeit, die wir mit Freude erledigen, weil wir sie verrichten *wollen,* weil wir den Sinn dieser Arbeit verstehen.

In einigen Tagebucheinträgen der modernen französischen Mystikerin Gabrielle Bossis[72] (1874–1950) werden die Kategorien ‹Ruhe› und ‹Arbeit› von Christus zusammengeführt, der da spricht: «Ich ruhe in den Seelen die sich mir ergeben. Je mehr ich in ihnen zu arbeiten habe, um so mehr ruhe ich.»

Nach einer kontemplativen Meditation: «Und jetzt – fang an zu leben! Mit Mir vereint.»

«Suchet nicht die Ruhe. Die Ruhe kann nicht aus Euch heraus kommen, sondern nur aus Mir.»

In diesem Kapitel habe ich wiederholt die Balance zwischen innen und außen, zwischen Ruhe und Arbeit betont, weil in jeder Form des Meditierens die potenzielle Gefahr droht, dass man die Verbindung zur Erdenwelt, zu den Mitmenschen und zu der Natur verliert. Ablesbar ist das an vielen Mystikern des Mittelalters, an östlichen Yoga-Praktizierenden, an Theosophen und Anthroposophen ... «Der Heilige unserer Zeit muss die Erde liebhaben» so Michael Bauer (1871–1929),[73] den ich auch zu den modernen Mystikern zähle, die gleichzeitig mit dem Weg nach innen eine tiefe Verbindung mit der sie umgebenden Welt pflegten und pflegen. Auf den vorangegangenen Seiten dieses Kapitels erwähnte ich, wie wichtig die Sinneseindrücke sind, um in enger Verbindung mit der sichtbaren, hörbaren und tastbaren Welt zu bleiben. Mir hilft es, diese Verbindung gelegentlich in Worte zu fassen. So entstand folgendes Gedicht während des Übens mithilfe der Eindrücke der Himmelsbläue und der Wolken wie auch mithilfe des Gemäldes *Frühmal* von Ninetta Sombart, das ich täglich vor Augen habe, zur Ruhe zu kommen.

Hoch am Himmel
im unendlichem Blau
winken die Wolken

ihre Zungen sprechen
wundersame Sprachen
übersetzen möcht' ich sie

Über den Hügeln
verkündet das Licht:
der Tag
er wird geboren.
Vielstimmig erklingen

erlösende Worte
für die, die es hören wollen.
Wolken und Licht,
sie verwandeln sich
über dem Meer

Wo ich auch schau
und wo ich auch geh:
Es ist der Herr.

Zum Schluss: Meditation ist auch die Kunst der Beschränkung. Die Gefahr der zahllosen Methoden, Übungen und meditativen Texte liegt auch darin, dass man sich an nichts bindet und von der einen Übung in die nächste springt. Das Ergebnis dessen hat nichts mit Meditation zu tun. In der Beschränkung zeigt sich erst der Meister. «Dann muss noch gesagt werden, dass es gar nicht darauf ankommt, dass wir möglichst schnell neue Übungen bekommen. Im Gegenteil zeigt sich gerade die seelische Kraft eines Menschen, wenn er möglichst lange bei einer Übung bleibt – aus ihr Kraft zu schöpfen vermag. Jede Meditationsformel ist mit Kraft ausgestattet, die lange Zeit ausreicht, um die schlummernden Seelenkräfte zu erwecken. Wenn man sich nun aber immer nach neuen Anweisungen sehnt, so zerstört man die Kraft der Übung und bringt sich um ihre Frucht.»[74]

Es gibt noch eine weitere Möglichkeit, wie man mit der faktischen Vielfalt an Methoden umgehen kann. Ich kenne mehrere Menschen, die Meditationen für die Lebenden und die Verstorbenen erüben. Wenn man älter wird, neigt die Liste der Verstorbenen dazu, immer länger zu werden. Einer meiner Kollegen in Nordamerika, 90 Jahre alt, hatte eine Liste mit 1000 Namen. Es braucht jahrelanges Üben, um so vielen Menschen einen Platz im Bewusstsein und in der Fürbitte zu geben. Rudolf Steiner deutete gegenüber Herbert Hahn allerdings noch eine andere Methode an, mit dieser Fülle zu arbeiten. Wenn jemand Meditationen und Fürbitten für eine große Gruppe von Menschen pflegen will, können diese auch so über die Woche verteilt werden, dass nach sieben Tagen die zugedachte Meditation wiederholt wird. Somit erfährt die betreffende Person nicht täglich, sondern im Wochenrhythmus eine Zuwendung. Insbesondere der Sieben-Tage-Rhythmus sei dazu geeignet, so Steiner.[75]

Eine wichtige methodische Anweisung für die Handhabung von Meditationen findet sich in einem Gespräch von Alla Selawry mit einem der Pioniere der Anthroposophie, Ehrenfried Pfeiffer, der ab seinem zwanzigsten Lebensjahr als persönlicher Schüler Rudolf Steiners Anweisungen für die esoterische Schulung erhielt. Aus diesem Gespräch notiert Alla Selawry: «Ich suche die Fülle gegebener Meditationen als eine Art meditativen Organismus zu erfassen und frage nach dessen Gesetzmäßigkeiten. Pfeiffer erläutert, diese Vielfalt sei erschlossen worden, um möglichst vielen Menschen von verschiedenen Seiten einen Zugang zum Geistigen zu schaffen. Im Grunde ist nur ganz Weniges nötig – etwas, das getreu durch Jahre durchgetragen und durchlebt wird. Dr. Steiner gab seinen persönlichen Schülern kurze Meditationen mit dem Hinweis, sie täglich morgens und abends zu wiederholen, um geistig zu erwachen. Alles kommt darauf an, das *innere Licht* zu entzünden, es zu erleben und seiner bewußt zu werden. Sonst bleibt alles theoretisch und dunkel. Der hellste Engel kann neben uns sein – und wir nehmen ihn nicht wahr.

Neben diesen persönlichen Inhalten wurden allgemeine Meditationen gegeben, z.B. in den Jungmedizinerkursen, um Heilimpulse zu wecken.»[76]

Die Kunst der Wiederholung kann man mit der Übung der *docta ignorantia*, der «gelehrten Unwissenheit», pflegen. Der Begriff stammt von Nikolaus von Kues (1401–1464). Ehrenfried Pfeiffer schreibt in einem Brief an Alla Selawry: «Ehrenfried Pfeiffer (1899–1961), ein enger esoterischer Schüler Rudolf Steiners, erläutert, wie die Vielfalt der Meditationen gegeben wurde, um möglichst vielen Menschen von unterschiedlichen Seiten her einen Zugang zum Geistigen zu schaffen. (...) Es ist unsagbar schwer und traurig zu sehen, wie der wahre esoterische Impuls verschüttet wird durch Dogmatik und Intellekt. Wie oft hat Dr. Steiner ermahnt, alte Denkgewohnheiten abzulegen, wenn man Fortschritte machen will. Das Insekt oder die Schlange häuten sich, um zu wachsen. Ein seelisch-geistiges Häuten ist auch für den Menschen nötig.

Von Zeit zu Zeit muss man alles vergessen, was man mitgebracht und erworben hat, und ganz von vorne anfangen, unbefangen, dumm sozusagen. Dr. Steiner sprach einmal über diese *docta ignorantia*. Darin liegen Jugendkräfte, man erneuert seinen Geist und Leib; wird wieder jung. Darin besteht auch die Kunst des richtig Altwerdens und doch Jungbleibens.»[77]

14 Lesen im Buch der Natur

Die Bibel und die Natur sind die beiden Schuhe,
mit denen Christus über die Erde geht.

Johannes Scotus Eriugena (etwa 810–877)

Was unterscheidet westliche von östlicher Meditation? Auf diese Frage gibt es viele mögliche Antworten. Obwohl das traditionelle Christentum sich im Laufe der Jahrhunderte immer mehr von der Natur entfernt hat und sich am Ende gelegentlich sogar gegen die Natur wandte, hat die Strömung der Rosenkreuzer eine Form des Christentums entwickelt, die sich gerade auf die Natur ausrichtet. Das *liber mundi*, das Buch der Welt, muss erschlossen werden, um das Geistige in der Natur aufzuspüren. Im Gegensatz zu der «mystischen Hochzeit» der Mystiker des Mittelalters besteht das Ziel der Rosenkreuzer darin, eine «chymische Hochzeit»[78] mit der uns umgebenden Welt einzugehen. Auch im irischen Christentum geht der Weg zu Christus über die Natur (siehe das einleitende Zitat dieses Kapitels). Auffällig ist, dass im sich nach Rom orientierten Christentum die irischen Christen wie auch die Rosenkreuzer als Ketzer bezeichnet wurden.

Goethe, der selbst in enger Verbindung zur Rosenkreuzer-Strömung stand[79], entwickelte eine Methode, um auf dem Wege der Wahrnehmung und der meditativen Betrachtung einen Zugang zu der geistigen Welt hinter der Natur zu finden. Er verstand es, im Buche der Natur zu lesen mithilfe dessen, was er den *Kunst- und Nachahmungstrieb* nannte. Die goetheanistische Phänomenologie befasst sich einerseits mit purer Nachahmung: Die Wahrnehmung wird – ohne jegliches Urteil – zum reinen Spiegel des Objekts. Die Sinne täuschen nicht, so Goethe. Was uns täuscht, ist der Kurzschluss unserer (Vor-)Urteile, ist Sympathie und Antipathie, die das von den Sinnen aufgenommene Bild trüben. Stattdessen ist es das Bestreben, die Sinneseindrücke für sich sprechen zu lassen und sie im Innern nachzuahmen, bis das Erinnerungsbild selbst zu einem reinen Spiegel geworden ist. Der niederländische Hausarzt Leendert Mees hat diese goetheanistische Methode zu einer hohen Kunst erhoben. Scherzhaft sagte er gelegentlich: «Wenn die Menschen bloß nicht soviel ‹finden› (meinen) würden, würden sie viel mehr finden.» Diese Art des Wahrnehmens und des Vorstellens, wobei das Erklärungen suchende Denken zum Schweigen gebracht wird, nannte Goethe wohl auch *Resignation*. Wir machen uns die Sinneseindrücke zu eigen durch eine «exakte sinnliche Fantasie» – auch ein Begriff, den Goethe verwendet.

Im zweiten Schritt dieser Methode werden reine Vorstellungen mit dem sich hineinversetzenden Denken verbunden, das schließlich zur «anschauenden Urteilskraft» wird, frei von Sympathie und Antipathie.

In den Werken Goethes finden wir ein wichtiges Wesensmerkmal der westlichen Spiritualität wieder. Während die östlichen Formen der Spiritualität sich von der Welt der *Maya*, der Sinnestäuschung, abwenden, knüpft Goethe gerade an die Sinneswelt an. (Im Kapitel über das Johannesevangelium werde ich noch auf die Frage nach den spezifischen Qualitäten der westlichen Meditation zurückkommen.)

Die goetheanistische Methode ist Bestandteil des anthroposophischen Schulungsweges – viel mehr: Sie ist *das* Wesensmerkmal, das *Schibboleth*[80] der Anthroposophie: «Eigentlich sollte jeder, der in der anthroposophischen Bewegung ist, fühlen, dass er sein Karma nur verstehen kann, wenn er erst weiß: An ihn persönlich geht die Aufforderung, wiederum in dem ‹Buche der Natur› geistig zu lesen, die geistigen Hintergründe der Natur zu finden (…) Von Anfang an hatte die anthroposophische Bewegung dieses ‹Schibboleth›».[81]

In einer grundlegenden Übung – richtungsweisend für den Schulungsweg – beschreibt Rudolf Steiner, wie wir ganz buchstabengetreu im Buche der Natur lesen können. In seinem Werk *Wie erlangt man Erkenntnisse der höheren Welten? (GA 10)*, im Kapitel «Die Vorbereitung», geht es von Neuem um Prozesse, die strikt voneinander getrennt werden sollen: einerseits das reine Wahrnehmen (Nachahmungstrieb), andererseits das sich hineinversetzende Denken (Kunsttrieb). «Der Anfang muss damit gemacht werden, die Aufmerksamkeit der Seele auf gewisse Vorgänge in der uns umgebenden Welt zu lenken. Solche Vorgänge sind das sprießende, wachsende und gedeihende Leben einerseits, und alle Erscheinungen, die mit Verblühen, Verwelken, Absterben zusammenhängen, andererseits. Überall, wohin der Mensch die Augen wendet, sind solche Vorgänge gleichzeitig vorhanden. Und überall rufen sie naturgemäß auch in dem Menschen Gefühle und Gedanken hervor. Aber nicht genug gibt sich unter gewöhnlichen Verhältnissen der Mensch diesen Gefühlen und Gedanken hin. Dazu eilt er viel zu rasch von einem Eindruck zum anderen. Es handelt sich darum, daß er intensiv die Aufmerksamkeit ganz bewußt auf diese Tatsachen lenke. Er muß, wo er Blühen und Gedeihen einer ganz bestimmten Art wahrnimmt, alles andere aus seiner Seele verbannen und sich kurze Zeit ganz allein *diesem einen* Eindrucke überlassen. (…) Erst schaue man so lebhaft, so genau, als es nur irgend möglich ist, die Dinge an. *Dann* erst gebe man sich dem in der Seele auflebenden Gefühle, dem aufsteigenden Gedanken hin. Worauf es ankommt, ist, daß man auf *beides,* im völligen inneren Gleichgewicht, die Aufmerksamkeit richte.»[82]

In den anschließenden Beschreibungen stoßen wir immer wieder auf diese zweiteilige Vorgehensweise:
– Zunächst die reine Wahrnehmung, ohne jegliches Urteil.
– Danach, in vollkommener innerer Ruhe, das Belauschen von Gedanken und Gefühlen, wie sie von der Wahrnehmung geweckt werden.

In einer Fußnote nennt Rudolf Steiner die andere Komponente, die für den *Kunst- und Nachahmungstrieb* notwendig ist: «Bemerkt soll werden, daß *künstlerisches* Empfinden, gepaart mit einer stillen, in sich versenkten Natur, die beste Vorbedingung für die Entwicklung der geistigen Fähigkeiten ist.»[83]

In unzähligen Unterrichtsstunden und Kursen habe ich diese Methode praktiziert, nachdem ich selbst einen Zugang gefunden hatte zu den Eindrücken des Wachsens und (Ver-)Welkens. Wir übten den Prozess in unterschiedlichen Phasen mit unterschiedlichen Richtungen:

1 Verwende alle deine Sinne, um die Eindrücke einer Blume, wie sie dir erscheint, in dich aufzunehmen. Schau, taste, rieche, folge den Bewegungen und Gebärden der Blume. «Atme» diese Eindrücke ein, ohne etwas von dir auszudrücken. Wie auf einem unbeschriebenen Blatt *(tabula rasa)* registrierst du die Sinneseindrücke. Schreibe sie wörtlich auf. Beschreibe die Formen, die Farben, die Textur der Blume, ihren Geruch ... Wie ein Impressionist gibst du alle Eindrücke naturgetreu wieder.

Dann erzeugst du ein *pralaya*:[84] Die Sinneseindrücke kommen zum Schweigen.

2 In der entstehenden Leere änderst du die Richtung und belauschst die Gedanken und Gefühle, die die Sinneseindrücke in dir wecken. Was ist meine Reaktion? Kann ich etwas zurückgeben, was von mir stammt – aber durch die Wahrnehmung hervorgerufen wurde? In gewissem Sinne wird man in diesem Stadium zu einem Expressionisten *(Kunsttrieb)*.

Diese beiden Stadien könnte man auch so umschreiben: «Einatmen» von Impressionen und «Ausatmen» von Expressionen. Letzteres wurde wörtlich praktiziert. In Form von Prosatexten, Gedichten, Haikus oder einer Zeichnung wurde zum Ausdruck gebracht, was in der Seele hervorgerufen wurde. Was als pure Phänomenologie begann, mündete in einem künstlerischen Prozess. Was anfing als eine «Botschaft» aus dem Pflanzenreich, wurde mit einem Geschenk, einem ‹Opfer› an die Pflanze, erwidert. Dies ist der Beginn eines Dialoges mit der Natur, der ununterbrochen weitergeführt und vertieft werden kann.

Herbert Hahn notiert aus seinen Gesprächen mit Rudolf Steiner zu einem meditativen Umgang mit der Natur Folgendes: «Der Zwiesprache, die der Mensch mit der Natur pflegen kann, maß Rudolf Steiner eine große Bedeutung zu. Aber es hing für ihn alles davon ab, wie diese Zwiesprache geschieht. Weder das kalte ‹zur Notiz nehmen›, wie es der moderne Mensch meistens hat, noch ein rauschhaftes Aufgehen in Naturschönheiten, noch ein mystisches Sich-Versenken erschien ihm ersprießlich. Vor allen Dingen sagte er – wird man kein Verhältnis zur Natur pflegen, wenn man so beiläufig nur, auf einem Geschäftsgang oder auf dem Wege zur Berufsarbeit, Himmel und Wolken, Bäume und Blumen, den Gesang der Vögel, oder was immer, betrachtet oder aufnimmt. Der Mensch solle sich wieder einmal, ohne dass ein äußerer ihn antreibt, ergeben. Kommt er dann an einem blühenden Baum, einer Quelle vorbei, geht an einen Wiesenrand dahin, hält er an und rastet: dann darf ihn ein ganz bestimmtes Gefühl beseelen. In aller Reinheit möge er sich sagen, dass das alles auf ihn, den Menschen, wartet. Es ist für die Wesen der Natur nicht gleichgültig, ob wir kalt an ihnen vorübergehen, oder ob wir liebend über sie erstaunen. Jedes von ihnen bietet uns gleichsam eine innere Frucht dar. Wir pflücken diese Frucht durch unser lebendig andachtsvolles Interesse. Und indem wir es tun, lösen und erlösen wir etwas in den Naturwesen. Und wir selbst tragen diese Früchte als ein in uns Mensch-Werdendes davon.»[85]

Wie keine anderer hat der Schweizer Schriftsteller Albert Steffen (1884–1963) diese Methode kultiviert – nicht in Form purer Phänomenologie, sondern als Kunstwerk, mehr noch: als eine Form von Religion, inspiriert von seiner verstorbenen Ehefrau. Er vermisst sie, empfindet Leere, schaut mit anderen Augen auf die Blumen in seinem Garten, die jahrelang von seiner Frau Elisabeth versorgt worden waren – und in der Aura der Blumen erkennt er seine geliebte Verstorbene. Die Blumen werden zu Boten (griechisch: *angeloi*) einer höheren Welt, die zugleich auch die Welt der Verstorbenen ist, der Hierarchien und des auferstandenen Christus. Er nennt diese Art, im Buch der Natur zu lesen, den *Pflanzen-Gottesdienst,* und schreibt dazu: «Wer den Verstorbenen einen Liebesdienst erweisen will, lebt im Blumenkultus. Dieser umfasst vier Teile:

Erstens aus dem Evangelienlesen der Blumensprache, die jeder lernen kann, der bei der Göttin Natura in die Schule geht.

Zweitens aus der Opferung, die darin besteht, dass der Mensch sich in das reine Wachstum der Pflanzen versetzt und die Leidenschaften des Alltags daran läutert.»[86] [Man bemerke: In diesen beiden ersten Teile des Blumenkults kann man einiges von der vorher beschriebenen Übung des «Einatmens» und «Ausatmens» erkennen.]

Allerdings geht Steffen noch weiter:

«Drittens aus der Wandlung, welche er miterlebt, wenn die grünen Blätter, die am Stengel in Spiralen emporsteigen, als farbige Blüte den Abschluss suchen, als Staubgefäße sich im Kreise finden, als Frucht sich runden und als Samen wiederum erkeimen.

Viertens aus der Kommunion mit dem Sonnengeiste, der in der Metamorphose der Pflanzen lebt, und, seitdem er an dem dürren Holze den Tod erlitten hat und auferstanden ist, in der Entwicklung der Menschen west, die ohne ihn vergehen müsste. Dies sagt er durch die Blumengesichter. (...)

Diesen vierteiligen Kultus vermögen die Toten zu verstehen.»[87]

Mühelos erkennen wir sowohl in der ursprünglichen Form der Messe wie in der Menschenweihehandlung die viergliedrige Struktur:
– Evangelienlesung
– Opfer
– Transsubstantiation (Metamorphose)
– Kommunion

Abb. 6: «Waldlilie», Albert Steffen (1884–1963)

Immer beginnt der Weg damit, dass man sich den Naturwahrnehmungen ganz hingibt; es folgt eine Vertiefung durch den *Kunst- und Nachahmungstrieb* und mündet in der Begegnung mit Christus. Steffen verarbeitet seine Wahrnehmungen in verschiedenen Aquarellen, die oberhalb der Blume die geliebte Verstorbene zeigen und darüber Christus. Am Ende gelingt es ihm, nicht nur die vertrauten verstorbenen Freunde zu besuchen, sondern auch unbekannte Verstorbene und ihnen auf ihrem Weg zur Seite zu stehen, von dem «Blumenkultus» geführt.[88] Seitdem ich von den Erfahrungen Steffens gelesen habe, hat der Brauch, Blumen am Grab eines Verstorbenen niederzulegen, für mich eine neue Bedeutung bekommen.

Dieser vertiefte Umgang mit der Natur, der am Ende eine Brücke zu den Verstorbenen bildet, zu den Hierarchien und zu Christus, hat seinen Ausgangspunkt in dem Willen zur Erlösung. «Bis jetzt war der Mensch gegenüber der Natur ein Nehmender, er nützte sie aus, er ließ sich von ihr erfrischen, er hoffte auf einer höheren Stufe von ihr getröstet zu werden. Davon soll er von nun an absehen. Er muss versuchen, selbst ein Gebender zu werden. Seit Christus in die Menschheit eingezogen ist und sein Wohnort auf der Erde genommen hat, erwarten alle Geschöpfe, die unterhalb der Menschheit stehen, dass dieser sie an Kindesstatt und zu dem Schöpfer zurückführe. Tier, Pflanze und Stein sind im Menschen. Sollten sie nicht von ihm, den Gott erlöst hat, mit erlöst werden? Sie wollen von ihm begriffen, geliebt und in das Herz aufgenommen werden.»[89]

Eine andere Übung, in der Naturwahrnehmungen und Meditation Hand in Hand gehen, steigert unser Miterleben mit den Entwicklungsprozessen des Lebens noch weiter. In dieser Übung verfolgen wir von Tag zu Tag das Keimen des Samens einer willkürlichen Pflanze. Im Stadium der Sinneswahrnehmung ist es hilfreich, dieses Keimen auch Schritt für Schritt zu zeichnen. Genau wie bei der vorherigen Übung geht es um eine exakte Wahrnehmung mit anschließender Visualisierung,

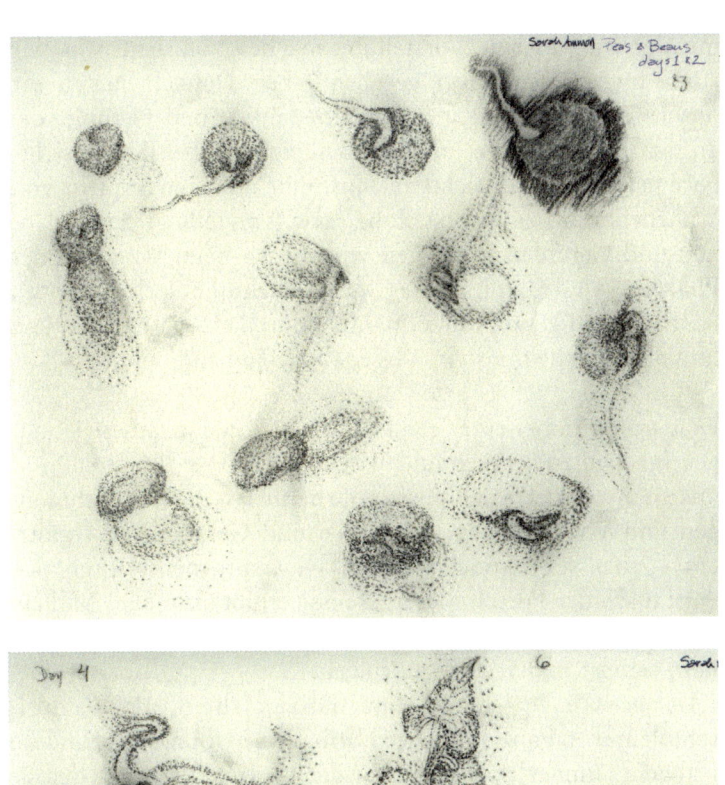

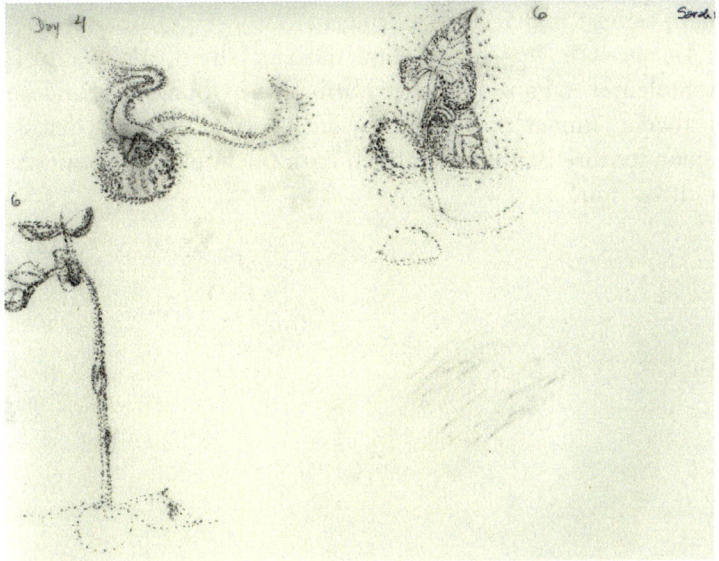

Abb. 7&8: Naturzeichnungen «Die Keimung von Samen», Sarah Ammon, 2017

mit der wir uns eine Vorstellung machen von dem, was wir zuvor mit eigenen Augen gesehen haben. Danach richten wir unsere Aufmerksamkeit auf die Gedanken und Gefühle, die an den Prozess des Keimens anknüpfen; wobei das Unsichtbare nach und nach sichtbar wird. Eine ähnliche Sequenz von Wahrnehmung zur Vorstellung, von Vorstellung zu Gedanken und Gefühlen, verfolgen wir ebenso beim Vergehen der Pflanze. «Und damit hat er [der Geheimschüler] die ersten Schritte dazu getan, um allmählich durch eigene Anschauung hinter das Geheimnis von *Geburt und Tod* zu kommen.»[90]

Es war mir immer eine Freude, mit den Studenten diese Übungen machen zu können und Woche für Woche die Ergebnisse auszutauschen. Da stellte sich oft heraus, dass Wahrnehmungen und Vorstellungen, Gedanken und Gefühle sich ergänzten – aber selten oder nie sich widersprachen. Durch den Austausch der Forschungsergebnisse ergibt sich jedes Mal ein Ansporn, tiefer in die Geheimnisse von Keimen und Verwelken, Geburt und Tod einzudringen.

Übrigens habe ich, vor fast fünfzig Jahren, als Waldorfschullehrer in ganz einfacher Form, diese Übung mit Kindern gemacht. Immer noch sehe ich die Begeisterung, mit der sie einander ihre Befunde erzählten und Zeichnungen austauschten, vor mir!

15 Die Rückschau

Wir erinnern uns an das Kommende.

Gregor von Nyssa (Kirchenvater, 335–394)

In gewissem Sinne ist die Rückschau so alt wie die Welt. Am Ende jeden Schöpfungstages schaut Gott zurück auf die getane Arbeit ... «Und Gott sah, dass es gut war.» Man staunt, dass dieser Satz am Ende des zweiten Schöpfungstages fehlt. Dafür ertönt am dritten Schöpfungstag *zweimal* die Aussage: «Und Gott sah, dass es gut war.» Der *Sohar*, Hauptwerk der *Kabbala*, erklärt das Fehlen des Satzes am zweiten Schöpfungstages damit, dass an diesem Tag das Böse in die Welt eintritt. Unmissverständlich spricht die *Kabbala* davon, dass das Böse unvermeidlich ist. Zweifellos können wir mit unseren menschlichen Unzulänglichkeiten selten oder nie am Ende des Tages sagen, dass er gut war – aber die Gründe dafür sind im Schöpfungsmythos selber verankert. Verkürzt gesagt: Beim Rückblick auf Ereignisse aus unserem Leben, seien es die des vergangenen oder die des heutigen Tages, seien es länger zurückliegende, handelt es sich nie um eine moralische Bewertung, um Schuldgefühle oder Reue, sondern um die Gewinnung einer möglichst objektiven Perspektive, bei der wir aus einer gewissen Entfernung auf uns selbst und auf die Geschehnisse schauen.

Schon in der esoterischen Schule des Pythagoras musste der Mysterienschüler – an jedem Abend vor dem Schlafen – auf den vergangenen Tag zurückschauen. In den *goldenen Versen des Pythagoras* findet sich eine Regel: «Lass den Schlaf nicht sanft Deine Augen erreichen, bevor Du ein jedes Deiner Tagewerke dreimal überdacht hast: wo habe ich versagt; was habe ich getan; was habe ich versäumt?»[91]

An allen Lebensregeln der Schule des Pythagoras lässt sich ablesen, dass jeder Schritt in der esoterischen Entwicklung begleitet werden soll mit Schritten der moralischen Vervollkommnung. Steiner empfiehlt jedem, der den Schulungsweg geht, die Rückschau konsequent zu pflegen. Das Ziel dabei ist, am Ende des Tages oder nach einem längeren Lebensabschnitt, die Ereignisse aus der richtigen Perspektive betrachten zu lernen. Er vergleicht den Rückblick mit der Aussicht eines Wanderers, der nach langem Fußmarsch einen Hügel ersteigt und aus der Entfernung auf die Landschaft schaut. Das Panorama (griechisch: *pan – horama*: alles sehen) ermöglicht es, die Ereignisse im jeweils richtigen Verhältnis zueinander sehen zu lernen; zu lernen, mit dem gewonnenen Abstand das Wesentliche vom Unwesentlichen zu unterscheiden. Ausdrücklich geht es nicht darum, alle Geschehnisse von Neuem mit allen damit verbundenen Emotionen zu durchleben, sondern darum, über die Schulter auf sich selbst zu schauen: «*Ich schaut mir zu*» (Christian Morgenstern). Dabei geht man vom meist jüngsten Ereignis aus – und geht in umgekehrter Reihenfolge zurück, vom Jetzt in die Vergangenheit. Dies ist nicht nur an und für sich schon eine Willensübung, die einem Konzentration abverlangt, sondern mit dieser Bewegung stellen wir uns auch in die Geistesströmung der Zeit hinein. Fast ein jeder hat schon mal diese Erfahrung gemacht. Die Zeit entwickelt sich nicht nur aus der Vergangenheit in die Zukunft als Ursache und Folge, sondern auch aus der Zukunft in die Gegenwart. In der geistigen Welt werfen die Ereignisse ihren Schatten voraus. Von gewissen Ereignissen, die sich aus der geistigen Welt in der Gegenwart ankündigen, sagen wir: Es hängt in der Luft. Mit dieser Gesetzmäßigkeit arbeitet Otto Scharmer in seiner «Theorie U».[92]

Ein bemerkenswertes Beispiel einer solchen Erfahrung einer herannahenden Zukunft wurde mir einmal von einem Kind erzählt, das nach einem Unfall für kurze Zeit bewusstlos war: «Ich war in einer anderen Welt. Es kam ein alter Mann auf mich zu. Er zeigte mir ein Buch mit Fotos von allerhand Ereignissen aus meinem Leben. Es fing mit meiner Geburt an und auf jeder neuen Seite sah ich, wie ich älter wurde. Ich erkannte alles und jeden aus meinem Leben. Aber als wir weiterblätterten, sah ich Menschen, die ich nicht erkannte. Erst viel später, als ich auf eine andere Schule kam, erkannte ich den Lehrer und die Kinder, die ich zuvor in dem Buch gesehen hatte.» Warum in dieser Erfahrung die Zeit chronologisch verläuft, ist mir noch ein Rätsel. Man könnte sagen, die Rückschau in umgekehrter Reihenfolge ist wie eine Fingerübung für das Leben nach dem Tode. Schon bei der Nahtoderfahrung, im sogenannten Lebenspanorama, geht die Rückschau oft von der Gegenwart in die Vergangenheit. Auch im sogenannten *kamaloka*, der Zeit, in der die Seele nach dem Tode alle Ereignisse des Lebens erneut durchlebt, führt die Reihenfolge der Sequenzen vom Jetzt, vom Augenblick des Sterbens, zurück in die Vergangenheit. Allerdings ist der Unterschied des Erdenlebens zum *kamaloka* dieser: Was wir im Erdenleben aus freiem Willen tun können, ist im nachtodlichen Leben Notwendigkeit. Kein Mensch wird umhinkommen, am Ende sich selbst aus Engelsperspektive anzuschauen. In den Mysterien der Antike war der Zusammenhang zwischen der Einweihung und dem Tod bekannt.

«Die Mysterien stehen in Beziehung zum zukünftigen Leben und zum Zustand der Seele nach dem Tode. Die Kandidaten machen die gleichen Erfahrungen wie die Verstorbenen nach dem Tode.» (Plutarch 46–120)

Auf die Dauer erwirkt die Rückschau in umgekehrter Reihenfolge, dass imaginative Fähigkeiten ausgebildet werden – Fähigkeiten, mit denen man lernt, die geistige Welt zu schauen, analog den künftigen Erfahrungen im Leben nach dem Tode. Man unternimmt erste Schritte, sich selbst zu betrachten, *sub specie aeternitatis*, aus einem Blickwinkel der Ewigkeit.

Rudolf Steiner macht darauf aufmerksam, dass wir, festhaltend am Muster des chronologischen Denkens (Ursache in der Vergangenheit, die Folge dessen im Jetzt), die spirituelle Dimension der Zeit ignorieren – oder gar von uns weisen In gewissem Sinne leben wir mit der Rückschau in umgekehrtem

Ablauf, um «uns an das Kommende zu erinnern», wie es Gregor von Nyssa schrieb (Überschrift dieses Kapitels).

Die Rückschau auf den Tag kann in unterschiedlicher Art und Weise geübt werden. Es hilft, dann und wann einen anderen Standpunkt einzunehmen. Für den Anfang kann man die Ereignisse des vergangenen Tages wie in einem Film an sich vorbeiziehen lassen. Ein anderer Gesichtspunkt wäre: Hat dieser Tag mir eine Frage gestellt? Was habe ich mit dieser Frage gemacht? Über längere Zeit habe ich die Rückschau geübt mit der Frage: Was war das Geschenk dieses Tages? Im Kapitel *Morgens und abends, Tag und Nacht* erwähnte ich die Arbeit mit Kindern und Jugendlichen in den Ferienlagern, in denen wir abends auf den Tag zurückschauten und morgens gemeinsam vorausschauten. Für eine dieser Gruppen schrieb ich den folgenden Text:

MORGEN

Jeder Tag
hat einen verborgenen Weg
hin zu einem kostbaren Geschenk,
das auf mich wartet.
Behutsam suchend,
wachsam wandernd,
taste ich mir meinen Weg
zum Geschenk dieses Tages.

Zusammen mit dem Psychiater Bert Welman (1922–2003) übte ich in biografischen Erkundungen die Rückschau mit der Fragestellung: Wo sind in meinem Leben die Gegenmächte Lucifer und Ahriman erkennbar? Gewiss eine konfrontierende Frage, die helfen kann, den nächsten Angriff einer dieser beiden frühzeitig zu erkennen.

Schließlich lernte ich von einem der Gründer der Christengemeinschaft, Heinrich Ogilvie (1893–1988), mit den Augen Christi zu schauen:

Ein Lehrer hatte in seiner Klasse ein «unmögliches» Kind. Völlig verzweifelt suchte er Ogilvie auf und bat um Rat. Ogilvie erteilte ihm eine «unmögliche» Aufgabe: «Schauen Sie auf dieses Kind mit den Augen Christi.»

Noch ratloser als vorher ging der Lehrer am nächsten Tag in seine Klasse. Er war am Ende seiner Möglichkeiten und seiner Geduld. Allem Anschein nach würde dieser Tag völlig aus dem Ruder laufen. Während eines Spiels in der Turnhalle hinterließ der Junge eine Spur von Chaos und Aggression. Überall wo er war, wurde gestänkert. Der Lehrer stand kurz vor einem Wutausbruch – als der Satz, der am vorigen Tag ausgesprochen worden war, in seiner Erinnerung hochstieg: «Schauen Sie auf dieses Kind mit den Augen Christi.»

Da gab ihm irgendetwas – oder was es irgendwer? – die Kraft, mit anderen Augen zu schauen. Etwas, das man bedingungslose Liebe nennen könnte, die der Lehrer in dem Augenblick nicht aus sich selbst heraus aufzubringen vermochte. Aber wie durch Zauberhand bewirkte dieser Blick, dass der Junge zu sich selbst fand – und im gleichen Moment wich die ganze Wut vom Lehrer!

In den meisten problematischen Beziehungen gelingt so etwas nicht, wie in diesem Fall, wie von Zauberhand, sondern es wird ein langer und mühsamer Weg sein. Gerade von den Menschen, die so völlig anders geartet sind als man selbst und die durch diese Eigenart unbestimmte Antipathien in einem hervorrufen, kann man in solchen Situationen am meisten lernen. Hat man das Glück, dass beide – obwohl sie einander fremd sind, obwohl sie sich nicht mögen und jede Handlung Anlass für einen neuen Konflikt sein könnte – doch im Stillen versuchen, sich zurückzuhalten und sich selbst zu überwinden. Dann ist es möglich, dass in einem unerwarteten Moment eine dritte Person mit anwesend ist. Im folgenden Gedicht habe ich versucht, so einen Moment in Worte zu fassen:

Ein Fremder warst Du mir
dessen Sprache ich nicht verstand.
Es blieb mir nur zu schweigen
Bis das Wort seine Wege fand.
Solang' hab' ich gelauscht
– wie auch Du mir zugehört –
bis wir, beide schweigend, durften hören
was vorher noch nie gesagt:
eine Stille, die Künft'ges gebären wird
webte lautlos zwischen Dir und mir –
Das war Er,

Das war Er.

Unsere Biografien sind heutzutage vielfach zu Ich-Dokumenten verkümmert. Gelingt es uns, mit der vorher genannten Blickrichtung auf eben solche Biografien zu schauen – und fürs Erste gelingt das nur, wenn wir behutsamen fragen und tasten –, dann werden unsere Lebensgeschichten eine ganz andere Sprache sprechen. In der Biografiearbeit ist die entscheidende Frage nicht nur: Wo steh' ich jetzt? Sondern auch: Wo ist der *Herr meines Schicksals*?

Mit diesem Begriff weist Rudolf Steiner darauf hin, dass ab dem zwanzigsten Jahrhundert das Karma sich nicht mehr nach den ehernen Gesetzen «Aug' um Aug', Zahn um Zahn» auswirkt, sondern dass Christus sich existenziell mit jedem Schicksal und Verhängnis verbindet. «Dieses Ereignis ist kein anderes, als dass ein gewisses Amt im Weltenall für die menschheitliche Entwickelung in dem zwanzigsten Jahrhundert übergeht – in einer erhöhteren Weise übergeht, als das bis jetzt der Fall war – an den Christus. Und zwar lehrt uns die okkulte, *die* hellseherische Forschung, dass in unserm Zeitalter das Wichtige eintritt, dass der Christus der Herr des Karma für die Menschheitsentwickelung wird. (…) tritt jetzt das Bedeutsame ein, dass der Christus der Herr des Karma wird, dass ihm es obliegen wird in der Zukunft zu bestimmen, welches unser karmisches Konto ist, wie unser Soll und Haben im Leben sich zueinander verhalten.»[93]

Was 1911 in mehreren Vorträgen angedeutet wurde, mit dem sind wir in unserer Zeit schon mehr oder weniger vertraut. In Millionen von Nahtoderfahrungen finden wir Spuren eines Lichtwesens, das uns kennt – besser als die Menschen meinen, sich selbst zu kennen. Nicht nur kennt dieses Wesen alle Ereignisse aus dem Leben, das wir geführt haben, sondern schaut Er auch mit anderen Augen auf die Leben, die wir entehrt haben. Die Amerikanerin Angie Fenimore, die als 27-Jährige nach einer gescheiterten Kindheit und Jugend sich entschließt, ihrem Leben ein Ende zu setzen, begegnet in ihrer Nahtoderfahrung dem Herrn ihres Schicksals:

«Die Lichtstrahlen durchdrangen mich mit unglaublicher Kraft, mit der Gewalt einer alles verzehrenden Liebe. Diese Liebe war so rein und mächtig wie die des Vaters, hatte aber eine ganz neue Dimension reinen Mitgefühls, vollständigen und vollkommenen Einfühlungsvermögens. Ich spürte, dass er mich und meine Schmerzen nicht nur genau verstand – so, als hätte er mein Leben gelebt –, sondern auch, dass er genau wusste, wie er mich durch das Leben hindurch leiten konnte und meine Entscheidungen zu mehr Bitterkeit oder neuem Wachstum führen würden. Nachdem ich mein ganzes Leben lang geglaubt hatte, es würde sowieso niemand verstehen, was ich mitgemacht hatte, erkannte ich nun, dass es ein anderes Wesen gab, welches ebendies doch tat.

Dieses Mitgefühl war von tiefem Kummer durchdrungen. Das Leid, das ich ertragen hatte, tat ihm weh, aber mehr noch bekümmerte ihn, dass ich nicht seinen Trost gesucht hatte. Sein größter Wunsch war, mir zu helfen. Er beklagte meine Blindheit genauso, wie eine Mutter ein totes Kind betrauern würde. Plötzlich wusste ich, dass ich in der Gegenwart des Heilands der Welt war.

Durch den Schleier der Finsternis sprach er zu mir: ‹Verstehst Du nicht? Ich habe es für Dich getan.› Als seine Liebe und das Leid, das er für mich getragen hatte, mich überfluteten, wurden meine geistigen Augen geöffnet. Ich begann genau zu sehen, was der Erlöser getan hatte, wie er sich für mich geopfert hatte. Er zeigte es mir, er hatte mich in sich aufgenommen, mein Leben in seins eingeschlossen, sich meine Erfahrungen, mein Leiden zu eigen gemacht. Und so war ich einen Augenblick lang in seinem Körper, sah die Dinge aus seiner Sicht und hatte sein Bewusstsein. Er ließ mich ein, damit ich selbst sehen konnte, wie er meine Lasten auf sich genommen hatte und wie sehe er mich liebte. (...) Seine Liebe umgab mich, taute mich auf und schwemmte alle noch verbliebenen Gefühle der Wertlosigkeit aus mir heraus.»[94]

Dank dieser intensiven Erfahrung ist Angie Fenimore von ihrem Selbsttötungsversuch ins Leben zurückgekommen. Nachdem sie einen Schimmer der finsteren Welt, in der die nach einer Selbsttötung Verstorbenen verweilen müssen, gesehen hat, weiß sie jetzt aus eigener Erfahrung, das Suizid nichts im Leben löst, im Gegenteil. Aber vor allem weiß sie aus Erfahrung: Kein Mensch, und sei er noch so einsam, ist allein auf dieser Welt. Der Herr des Schicksals geht mit uns mit und will sich im Geschenk eines jeden Tages zu erkennen geben. Die Mystikerin Gabrielle Bossis hört, wie er sagt: «Lerne, während des ganzen Tages, Mir zu begegnen. Und könntest du Mir begegnen, ohne Mich liebevoll zu begrüßen? Wenn ein einsamer Fremder ein fernes Land bereist, schmerzt es ihn manchmal, nirgendwo einen herzlichen Blick wahrzunehmen, er setzt seinen Weg fort, als ob er an Toten vorübergeht. Der Fremde, Ich bin es, wenn durch eure Seelen keine Erinnerung an Mich hindurchgeht, wenn eure Seelen zugeschlossen und leblos sind. Trotzdem rufe ich zu euch durch die Ereignisse und Umstände. Und die Leute sagen: ‹Das ist Zufall.› Wer sagt: Er ist es?»[95]

In meiner Biografie verdanke ich manches dem Rückblick, den ich fast vierzig Jahre lang jeweils zum Jahresende gemacht habe. Dafür nehme ich mir mehrere Tage während der 13 Tage und Nächte zwischen Weihnachten und Dreikönige Zeit – man nennt sie wohl auch «die Zeit der heiligen

Nächte». In umgekehrter Folge lasse ich die Ereignisse des vergangenen Jahres Revue passieren. Nachdem ich meinen unvollständigen Rückblick abgeschlossen habe, nehme ich meinen Terminkalender hinzu und schaue, was sich Tag für Tag ereignet hat. Dabei unterteile ich in zwei unterschiedliche Kategorien: Ereignisse, die auf mich zugekommen sind, und Initiativen, die ich selbst ergriffen habe. Stichwortartig und chronologisch liste ich sie auf zwei Seiten auf. An den darauffolgenden Tagen versuche ich Muster zu erkennen: Gibt es unterschiedliche Ereignisse und Geschicke, aus denen das Gleiche spricht? Was sagt mir das Schicksal mit diesen Ereignissen? In den Initiativen, die ich im vergangenen Jahr ergriffen habe, sind da verwandte Impulse erkennbar? Diese Fragen lege ich mir «unters Kissen» in der Zeit der heiligen Nächte. Indem ich mit diesen Fragen einschlafe und aufwache, kristallisiert sich gewöhnlich in dieser Zeit etwas heraus: nicht nur als eine Resultante (des vergangenen Jahres), sondern auch als ein Impuls, als eine selbstgewählte Aufgabe für das kommende Jahr. Mal sind das Eigenschaften, an denen ich arbeiten will; mal (auch) konkrete Ziele die ich mir setze. Auf dieser Art und Weise sind die von mir geschriebenen Bücher zustande gekommen. Wenn der Rückblick absolviert und das Ziel fürs neue Jahr formuliert ist, schaue ich zurück auf das, was ich in den vergangenen Jahren geschrieben habe. Oft ist es, als ob ich von einem Hügel aufsteigend auf eine Bergspitze gelange: Nicht nur im Jahresrückblick, sondern viel mehr noch in der Zusammenschau mehrerer Jahre wird die Sprache des Schicksals erkennbar. Mir wird klar, dass diese konsequente Rück- und Vorausschau mein Schicksalsvertrauen unendlich gesteigert hat, verknüpft mit einer wachsenden Dankbarkeit für die Geschenke des Lebens. Für mich ist das Schicksal nicht länger eine anonyme, beliebige Instanz, sondern eine Person, die durch die Geschehnisse mir zuruft: der Herr des Karmas.

Ein vergessenes Kapitel der Rückschau

Ein Zeitgenosse und Mitarbeiter Rudolf Steiners, Heinz Müller, beschreibt in seiner Autobiografie[96] die Schwierigkeiten, die er bei der täglichen Rückschau erfährt – und ein klärendes Gespräch darüber mit Rudolf Steiner. Bekannt ist das Phänomen, dass Versuche, auf den Tag zurückzublicken, in einem Labyrinth von Eindrücken unterzugehen drohen, in dem wir Weg und Zeit verlieren. Heinz Müller beschreibt seine entmutigenden Erfahrungen: «Entweder übte man verzeiflungsvoll eine halbe oder gar eine ganze Stunde und konnte doch in keiner Weise damit zufrieden sein, oder, was noch erschreckender war, man war plötzlich im Üben eingeschlafen. Beides war mir oft genug passiert. Da ergab es sich, dass ich in einem Gespräch mit Rudolf Steiner ihn u. a. auch darüber selbst um Rat fragen konnte. Als Erstes kam von unserem Lehrer die Warnung, man solle auf keinen Fall diese Übungen zeitlich zu lange ausdehnen. Das sei nicht gut. Er machte dann darauf aufmerksam, wie anders das Erleben sei, wenn man sich auf einen Stuhl hinsetzt oder wenn man aufsteht. Dabei nahm er ein Buch vom Tisch und legte es auf einen Stapel anderer Bücher. Ich glaube, dass Rudolf Steiner mich dadurch nicht nur zur bildhaften Erfassung solcher Bilder, die er als erste Voraussetzung ansah, anregen, sondern auch auf die in diesen Handlungen waltenden Willensimpulse aufmerksam machen wollte. Er sprach davon, dass dieser aus dem zeitlichen Ablauf entbundener Wille es sei, der einem gerade zum Gelingen der Rückschau dienen werde. Deshalb riet er, mit einem kleinen Geschehen anzufangen, etwa dem Sich-Setzen auf den Stuhl, womit man seine Tagesrückschau beginnt. Beim möglichst exakten Rückerleben dieses kleinen Vorgangs – immer sollte ich dabei versuchen, mich deutlich von aussen anzuschauen – werde ich die Kraft finden, in schneller Folge einen bildhaften Rückblick über den Abend und vielleicht noch einen Teil des Nachmittags zu schaffen. Beim Erlahmen des Rückwärts-Vorstellen sollte ich mir dann wieder eine so bis ins Einzelne gehende kleine Handlung vornehmen und sie, gegen die Zeiten verlaufend, bildhaft verfolgen. (...)

Ferner gab mir Dr. Steiner den Rat, in der ersten Zeit in den Tageslauf selbst, soweit dazu die Zeit reiche, einige solche übenden Beobachtungen einzufügen, die dann als Stütze oder gleichsam als neu impulsierende Punkte für die Rückschau im Tagesablauf vorhanden seien. Dann leitete er mich an, zunächst etwas wie das Hinsetzen und Aufstehen zu tun. Dabei half er mir, jede Einzelheit im Betätigen des eigenen Körpers und im Wahrnehmen im Raum genau zu beobachten. Er machte mich z. B. auf das veränderte Blickfeld, die sich wandelnde Perspektive beim Aufstehen und Hinsetzen aufmerksam. Aber auch auf das deutete er hin, was an Muskeltätigkeit in Streckung und Beugung anders sei im Aufstehen als im Hinsetzen. (...) Aber auch auf die Schwerkraft machte er aufmerksam, die man beim Aufstehen aktiv überwinden müsse, die aber beim Sich-Setzen eine ganz andere Rolle spiele. Diese und das Zusammenspiel mit dem eigenen Willen solle man gut beobachten. Schließlich meinte Rudolf Steiner lächelnd: ‹Nun – bei einigem Üben werden Sie schon sehen, dass Sie bis zum Morgen durchkommen werden.› Wie dankbar war ich für solche Ratschläge!

In den meisten Beschreibungen der Rückschau – auch in der Sammlung aller Zitate in den Büchern und Vorträgen Rudolf Steiners in der Zusammenstellung von Martina Maria Sam[97] – fehlt dieser praktische Vorschlag zur Überwindung der Hindernisse.

> «Eines ist wichtig dabei [bei der Rückschau], dass wir nämlich niemals ein Gefühl der Reue aufkommen lassen dürfen. Reue ist immer egoistisch. Wer bereut, wünscht selbst besser gewesen zu sein, er hat einen ganz egoistischen Wunsch. Wir sollen nicht besser gewesen sein wollen, sondern besser werden wollen. Wir sollen *lernen* aus unserem Tagesleben. (...) Eines ist dabei noch sehr wichtig: dass wir lernen, uns selbst wie eine fremde Person anzusehen, wie wenn wir uns

von außen betrachteten und kritisierten. Überhaupt sollen wir eine möglichst klare Vorstellung vom Tagesleben bekommen. Es ist viel wichtiger, sich an kleine Einzelheiten erinnern zu können als an wichtige Begebenheiten. (...) Wir sehen uns zum Beispiel über die Straße gehen, suchen uns dabei zu erinnern, wie die Häuserreihen liefen, an welchen Schaufenstern wir vorbeikamen, welche Menschen uns begegneten, wie sie aussahen, wie wir selbst aussahen (...)»[98]

16 Meditieren für die Verstorbenen
Meditieren mit den Verstorbenen

Wenn man die Stimmung zur Meditation nicht mehr
finden kann, soll man sich an die Gestorbenen wenden.

Albert Steffen

Nirgendwo kann Meditation so konkret werden wie im Umgang mit den Verstorbenen. Hier gilt das Gesetz der gegenseitigen Anziehungskraft zusammengehöriger Teile. Schon die farbenreiche Erinnerung an sich ist ein Appell an den Verstorbenen: Jemand denkt an mich. Im alltäglichen Erdenleben entstehen keine Verbindungen zu den Lebenden, wenn wir nur in abstrakten Gedanken und Worten kommunizieren. Dann bleibt man sich fremd. Karmische Beziehungen werden erst konstruktiv, wenn wir uns existenziell mit dem anderen Menschen verbinden. So ist das auch mit der Verbindung zu den Verstorbenen. Abstrakte Gedanken haben für die geistige Welt und für die Verstorbenen keinerlei Bedeutung. Stattdessen stelle man sich den Verstorbenen so vor, als ob er einem gegenübersitzt. Höre ich noch den Klang seiner Stimme? Spüre ich noch seine Hand auf meiner Schulter? Seh' ich noch, wie er lacht? Und vor allem: Welche Gefühle wecken diese Bilder in mir?

Diese gegenseitige Anziehungskraft kann sich noch weiter steigern am alljährlich wiederkehrenden Sterbetag. *Dies natalis,* der Geburtstag – so nannte man im frühen Christentum den Sterbetag. Der Moment des Sterbens ist für den Betroffenen so intensiv, dass er zu einem Ankerpunkt im Leben nach dem Tode wird. Wie oft in den Berichten von Nahtoderfahrungen beschrieben, ist es ein Moment des vollkommen glasklaren Bewusstseins. «Man kann immer in der geistigen Welt in der Zeit zwischen dem Tode und einer neuen Geburt auf den Moment des Todes hinschauen, von dem Augenblick an, wo man ihn sich zum ersten Mal zu Bewusstsein gebracht hat. Da steht er da, allerdings nicht etwa so, wie wir ihn sehen mit seinen Schrecken von dieser Seite des Lebens aus, sondern er steht da, als ein wunderbar herrliches Ereignis des Lebens, als ein Hervorgehen der geistig-seelischen Wesenheit des Menschen aus der physisch-sinnlichen Umhüllung ...»[99]

Weil ich in meinem Beruf als Geistlicher sehr viele Menschen im Sterben begleitet habe – und weil ich versuche, sie auch nach dem Sterben zu begleiten –, kann ich unmöglich täglich an alle denken. Ich mache mir einen Terminkalender zunutze, in dem ich die Sterbetage notiere. Etwa um den Sterbetag ist die betroffene Person in meiner Erinnerung, in meiner Meditation und meinem Gebet. Und normalerweise gibt es von der anderen Seite ein subtiles Erkennungszeichen. Wenn ich meine «Hausaufgaben» vergessen habe, klopfen die Gestorbenen an und lassen mich in einem unbedachten Augenblick wissen: Mich gibt es auch noch ...

Nichts ist für die Verstorbenen so schmerzhaft wie ausgeschlossen zu werden, als ob sie nicht mehr existierten. Eigentlich bitten sie fortwährend um einen bescheidenen Platz in unserem Kreis der Lebenden. Nach dem Tod meines Bruders sah seine Partnerin uns, die Familienmitglieder, in einem großen Kreis stehen, im lebhaften Gespräch miteinander. An der Außenseite des Kreises lief der Verstorbene herum und versuchte eine Öffnung zu finden, es gelang ihm aber nicht. Wir, die Lebenden, hatten ihm den Rücken gekehrt und ihm keinen Platz gemacht. Schließlich wandte der Verstorbene sich von uns ab und verschwand.

Die Bildsprache der folgenden Begebenheit spricht für sich: Ein vierjährig verstorbenes Kind ließ seine Mutter wissen, warum es sie erreichen könne – und kein anderes Familienmitglied. «Ich kann mit dir sprechen, weil du dich vorbereitet hast, indem du für mich gesorgt hast. Durch deinen Kummer bist du schweigsam und leer geworden.» Da bat es die Mutter: «Bitte, sprich doch auch so mit deiner Tante» – worauf das verstorbene Kind, in der typischen kindlichen Bildsprache, sagte: « Das kann ich nicht. Sie ist so sehr beschäftigt, meinen Namen zu wiederholen, dass sie mich nicht hört. Wenn ich sie anschaue, sehe ich jede Menge Ballons an ihren Schultern. Die soll sie erst mal loslassen. Wenn ich versuche, sie zu erreichen, drücken die Ballons mich weg. Darum kann sie mich nicht hören.»

Wenn wir vom eigenen Kummer ganz erfüllt sind, gibt es für den anderen keinen Raum. Freilich gilt das auch für unsere Beziehungen im Erdenleben. In wenigen Fällen allerdings ist es möglicherweise der oder die Verstorbene, der einen «Durchbruch» schafft – auch wenn die Lebenden in ihrem Kummer gefangen sind.

Üblicherweise verlangt ein früh Verstorbener noch nach dem Leben, mit allen dazugehörenden Sinneseindrücken. Eine Mutter erzählte, wie nach dem Tod ihres Sohnes ihre Augen und Ohren plötzlich schlechter wurden. Sie konnte kaum Farben sehen noch Töne hören. Ihr schmeckte nichts mehr. Einem Gedankengang konnte sie nur schwer folgen. «Ist so das Älterwerden?», fragte sie sich. Sie war Ende vierzig. Wie in einem dicken grauen Nebel lebend, so ging es ihr über Wochen. Eines frühen Morgens träumte sie, auf der Wiese vor ihrem Haus läge ein Haufen Hagebutten. Es kam ein ihr unbekannter Jemand vorbeigelaufen mit einem Korb mit Pflaumen und schüttete die dicken violetten Pflaumen über die Hagebutten. «Warum machst du das?», fragte sie. «Schau dir die Farben an. Tu es für mich», antwortete die Stimme ihres Sohnes. Da schaute sie die Farben an, als ob sie die noch nie zuvor so gesehen hatte: die Hagebutten rot-orange glänzend, die Pflaumen matt violett-blau. Sie streckte die Hand aus und wachte auf. Sie lief nach draußen in den Garten. Im Gras lagen Pflaumen. Sie hob eine auf, nahm sie in die hohle Hand, spürte die feuchte Kühle der Frucht, aß die Pflaume und kostete den süßen Geschmack. Ab dem Augenblick waren ihre Augen und Ohren wieder geöffnet. Die Stimme ihres Sohnes «Schau dir die Farben an. Tu es für mich» begleitete sie während der folgenden Wochen und Monate. Für ihn schaute sie, hörte sie, schmeckte sie: den Sonnenaufgang, die Musik, ein Gespräch, ein Buch, eine Mahlzeit ... Ihr Leben wurde zu einer täglichen Antwort auf seinen Appell: «Tu es für mich». Ihr Leben bekam wieder einen Sinn. So kann ein Verstorbener, mit dem wir bis zum Tode verbunden waren, unser Begleiter werden.[100]

Oft ist uns viel zu wenig bewusst, welchen Anteil die Verstorbenen an unserem Leben haben. Wir sperren uns in Kummer weg und bemerken noch nicht einmal, wie die Verstorbenen bereitstehen, uns zu helfen. Folgendes Ereignis zeigt, wie die Verstorbenen am unseren Leben teilhaben, es zeigt aber ebenfalls, wie wir sie – auch in unserer Verzweiflung – erreichen können.

Eine Witwe, deren Ehemann plötzlich verstorben war, musste in den Jahren danach ihre Familie mit drei Kindern alleine versorgen. Zehn Jahre lang schuftet sie, bis sie eines Abends verzweifelt ruft: «Wo bist du jetzt? Warum muss ich alles alleine machen?» Nachts träumt sie, ihr verstorbener Mann stehe neben ihr und zeige ihr alle Ereignisse der letzten zehn Jahre, worauf sie erstaunt fragt: «Wieso weißt du das alles?» Seine Antwort: «Aber klar, die ganze Zeit war ich bei dir.»

Wenn man gestorben ist, so ist man nach einiger Zeit für Wörter nicht mehr erreichbar. Abstraktionen sind «eine Brücke zu weit». Begriffe verlieren ihre Bedeutung. Das Letzte, was einen Verstorbenen noch erreicht, sind Wörter, die mit starken Emotionen behaftet sind – besser gesagt: der *Gefühlsinhalt* der Wörter ist für sie verständlich. Grammatikalisch ausgedrückt: Erst verschwindet die Bedeutung der Hauptwörter, dann die der Tätigkeitswörter – und dann, als Letztes, die Empfindungswörter (Interjektionen). Aber die eigentliche Sprache, die von den Verstorbenen *immer* verstanden wird, ist die der Liebe. Darum heißt es im *Hohelied des Salomo:* «Stark wie der Tod ist die Liebe» (Hohe Lied 8:6).

Liebe, das ist auch das Schlüsselwort in den vielen Meditationen, die Rudolf Steiner in Form von Sprüchen für die Verstorbenen geschrieben hat. Wie wir sie mit einer bestimmten

Art von Liebe auf ihrem Weg begleiten können, das hat er in Zusammenhang mit einem dieser Sprüche in einem persönlichen Brief an Paula Stryczek vom 31. Dezember 1905 beschrieben:
«Es ist beim Übertritt eines uns lieben Menschen in die anderen Welten ganz besonders wichtig, dass wir unsere Gedanken und Gefühle zu ihm senden, ohne dass wir die Vorstellung aufkommen lassen, als wollten wir ihn zurückhaben. Dies letztere erschwert dem Hingegangenen das Dasein in der Sphäre, in die er einzutreten hat. Nicht das Leid, das wir haben, sondern die Liebe, die wir ihm geben, sollen wir in seine Welten senden. Missverstehen Sie mich nicht. Nicht etwa hart sollen wir werden oder gleichgültig. Aber es soll uns möglich sein, auf die Taten mit dem Gedanken zu blicken ‹Meine Liebe begleite dich! Du bist von ihr umgeben.› Nach meinen Erkenntnissen ist ein solches Gefühl eine Art geflügeltes Gewand, das den Toten aufwärts trägt; während die Gefühle vieler Leidtragenden, wie etwa: ‹ach wärest du doch noch bei uns›, ihm zum Hemmnis werden. Das wäre also ein allgemeiner Hinweis, wie wir uns in einem solchen Falle mit unseren Gefühlen einzurichten haben.»

Werden Sie ganz still in sich dreimal am Tag, wovon das eine Mal unmittelbar am Abend vor dem Einschlafen sein soll, so dass Sie die Gedanken selbst mit hinübernehmen in die geistige Welt. Am besten ist es, Sie schlafen mit den Gedanken ein:

Meine Liebe sei den Hüllen,
Die dich jetzt umgeben –
Kühlend alle Wärme
Wärmend alle Kälte –
Opfernd einverwoben!
Lebe liebgetragen,
Lichtbeschenkt nach oben!

«Es kommt darauf an, dass Sie bei den Worten ‹Wärme› und ‹Kälte› die richtigen Gefühle haben. Es sind nicht physische ‹Wärme› und ‹Kälte› gemeint, sondern etwas von Gefühlswärme und Gefühlskälte, obwohl der in physischer Hülle befindliche Mensch sich nicht ganz leicht eine Vorstellung von dem machen kann, was diese Eigenschaften für den Entkörperten bedeuten. Dieser muss nämlich zunächst gewahr werden, dass das noch an ihm befindliche Astrale noch wirksam ist, ohne dass es sich der physischen Werkzeuge bedienen kann. Vieles, wonach der Mensch hier auf Erden strebt, wird ihm durch die physischen Werkzeuge gegeben. Nun sind diese nicht da. Dieses Nichthaben der physischen Organe gleicht – aber eben *gleicht* nur – dem Gefühle des brennenden Durstes ins Seelische übertragen. Das sind die starken ‹Hitzempfindungen› nach der Entkörperung. Und ebenso ist es mit dem, wonach unser Wille verlangt, es zu tun. Er ist gewohnt, sich physischer Organe zu bedienen und hat sie nicht mehr. Diese ‹Entbehrung› kommt einem seelischen Kältegefühl gleich. Gerade diesen Gefühlen gegenüber können die Lebenden helfend eingreifen. Denn diese Gefühle sind nicht etwa *bloß* Ergebnisse des individuellen Lebens, sondern sie hängen zusammen mit den Mysterien der Inkarnation. Und es ist deshalb möglich, dem Entkörperten zu Hilfe zu kommen.»[101]

Im Erdenleben sagen wir manchmal: «Die Liebe kann nicht nur immer von einer Seite kommen.» Das trifft auch für den Umgang mit den Verstorbenen zu. Sobald eine Verbindung zustande gekommen ist, spürt man, dass die Liebe von beiden Seiten kommt. Sogar wenn die Todespforte verschlossen bleibt, die Liebe kann ungehindert ein- und ausgehen. So träumte Friedrich Rittelmeyer (1872–1938), einer der führenden Gründer der Christengemeinschaft, er sehe seine Mutter, die schon längere Zeit verstorben war, vorm Fenster eines unbekannten Hauses sitzen. Im Traum lief er zur Eingangstür, um sie zu besuchen – die Tür aber war und blieb verschlossen. An der anderen Seite der Tür stand die Verstorbene. Aber als Rittelmeyer seine Hand auf die Türklinke legte, war ihm, als fließe ein gewaltiger Strom der Liebe da hindurch – und er konnte selbst seine Liebe zu der Verstorbenen hinströmen lassen.

Die Sprache dieses Traumes lässt hören, dass es sich in der Verbindung mit den Verstorbenen nie um eine Meditation *für* den Verstorbenen handelt. Das Wesentliche geschieht in der Meditation *mit* dem Verstorbenen. Auf die Dauer weiß man kaum zu unterscheiden, was von einem selbst und was von der anderen Seite kommt, wenn der Verstorbene einen inspiriert. Das habe ich ganz persönlich erfahren nach dem Tode von Fienchen Weissenberg, der ich den Zugang zur Rosenkreuzer-Schrift «Die Chymische Hochzeit des Christian Rosenkreutz» verdanke. Auf dem Sterbebett legte sie mir ans Herz, die Verbindung zu Christian Rosenkreutz lebenslang zu pflegen. In den ersten Jahren war das nicht schwer, ständig kamen Anfragen für Lesungen und Kurse zu den Rosenkreuzern. Dann aber wurde es still. Eines Abends entschloss ich mich, die Verstorbene um Rat zu bitten: Wie kann ich die Verbindung zu Christian Rosenkreutz vertiefen? Nach der Meditation *Meine Liebe sei den Hüllen* und vor dem Schlafengehen blätterte ich in einem Stapel Papiere unter dem Tisch. Plötzlich kam ein Faltprospekt zum Vorschein mit dem Titel «*Die Chymische Hochzeit des Christian Rosenkreutz*. Ein Kurs von sieben Abenden, gehalten von Wijnand Mees» (dem Sohn von Fienchen Weissenberg). In dem Augenblick hörte ich, wie die Verstorbene lacht und auf ihre etwas neckische Art sagt: «Fang du noch mal ganz von vorne an ...» Das habe ich dann getan, obwohl ich allerhand Terminumstellungen machen musste, um die sieben Abende freizuschaufeln. Nachdem ich den Kurs absolviert hatte, war ich in der Lage, ein Buch über die *Chymische Hochzeit* zu schreiben – dabei ununterbrochen von der Verstorbenen inspiriert. Ohne jeglichen Stolz kann ich sagen: Es ist mein bestes Buch, dank Fienchen Weissenberg!

Genauso, wie im Umgang mit den Lebenden, braucht es für die Beziehung zu den Verstorbenen eine Form der sozialen Hygiene. Es ist nicht gesund, ständig die Klingel zu drücken oder tagein und tagaus um Hilfe zu bitten. Wir, die Lebenden und die Verstorbenen, müssen jeweils auch unser eigenes Leben führen können. Ich lass mich von der traditionellen Regel der Krankenpflege anleiten, den drei «R»: Ruhe, Reinheit, Regelmäßigkeit. Der Ordnung halber habe ich noch eine vierte hinzugefügt: Respekt. Mit diesen vier Punkten wird der Umgang zum gegenseitigen Geschenk. Das trifft auch zu für den Leitsatz: Wesentlich für jede Meditation ist, im richtigen Augenblick die Tür zu öffnen und zu schließen. Wie auch im Lebensgrundsatz der sozial-hygienisch gesunden Hilfestellung, soll ein Gleichgewicht zwischen «maximaler Anwesenheit» und «optimaler Distanz» erreicht werden. Ist man nur noch «maximal anwesend», wird man auf die Dauer völlig erschöpft sein. Handelt man nur nach «optimaler Distanz», verliert man irgendwann jeden Kontakt.

In der Pflege der Verbindung zu den Verstorbenen spielen Zeit und Geduld eine wichtige Rolle – vor allem wenn noch «Unerledigtes» auszugleichen ist, das, was im Leben misslungen ist. Das schafft man nicht von einem Tag auf den anderen, auch nicht im nachtodlichen Leben.

In den 1970er Jahren arbeitete ich einige Monate in Indien. Zusammen mit einem älteren, erfahrenen Lehrer einer niederländischen Waldorfschule besuchten wir sogenannte Gandhi-Schulen. Die Schulleiter dort wollten die Leitlinien des Waldorfschullehrplans einführen. Wir gerieten aber in Konflikt und gingen auf Abstand zueinander. Mehr oder weniger gezwungenermaßen haben wir die uns beauftragte Arbeit dort zu Ende gebracht. Auch nach unserer Rückkehr in den Niederlanden und bis zu seinem Tode haben wir Kontakt gehalten, aber immer stand noch etwas zwischen uns. Das kam mir erst voll zu Bewusstsein, als ich einige Monate nach seinem Tod von ihm geträumt hatte. Auf einem Platz voller Menschen erkannten wir einander und liefen mit ausgestreckten Händen aufeinander zu. Dann geschah etwas, was nur in Träumen möglich ist: Wir liefen haarscharf aneinander vorbei, ohne dass wir uns berührten. Der Traum ließ mich verstehen, dass es da noch eine Menge Arbeit gab. Mithilfe der Meditation *Meine Liebe sei den Hüllen* habe ich anschließend versucht, wieder den Kontakt herzustellen. Viele Monate später wiederholte sich der Traum, allerdings in leicht veränderter Form: Mitten auf dem Platz gaben wir einander die Hand und schauten uns voller Dankbarkeit in die Augen!

Sehr viel schwieriger ist es, Verstorbenen zu helfen, die sich in akuter Not befinden. Im Erdenleben haben wir, innerhalb gewisser Grenzen, freie Wahl zwischen verschiedenen Möglichkeiten, können auch andere Wege einschlagen. Im Leben nach dem Tode werden wir vor vollendete Tatsachen gestellt und müssen fortwährend den Folgen unserer Taten ins Auge schauen. Zweifellos ist das am schwierigsten für Terroristen und Schwerstverbrecher. Wie ist wohl die Welt, in der sie nach dem Tode verweilen müssen? In Kapitel 14 sprach ich von einem Meister auf dem Gebiete der Meditation, der sich in manch Verstorbenen hineinversetzen konnte. Albert Steffen schreibt auf seine lange Liste von Verstorbenen *(Tafel der Toten)* nicht nur die Namen seiner Freunde und Bekannten, sondern nach und nach auch die Namen von Unbekannten, von Menschen mit tragischen Schicksalen, von Mördern und Selbstmördern.

«Aus dem Lokalen geriet er ins Regionale, hierauf ins Kontinentale und zuletzt ins Kosmische», so schreibt Steffen über sich selbst 1954 in seinem Tagebuch. Mit seiner Sensibilität für künftige tragische Ereignisse, die ihre Schatten vorauswerfen, hat er zwei Tage vor dem Tode Adolf Hitlers einen hellseherischen Traum:

«28./29. April 1945:

Ich träumte, dass Hitler zu uns gebracht wurde. Er war wie ein halbwüchsiger Junge, der in einem furchtbaren Leidenszustand, aber voll schrecklicher Sprachgewalt war, welcher er hemmungslos hingegeben war, und zwar sprach er auf eine wildböse Weise und schaute sich zugleich nach einer Waffe um. Es war, als hätte er einen Anfall, den er selbst hervorrief. Ein sich seiner selbst bewusster Dämon, so kam er mir vor, und doch wieder wie die nur übrig gebliebene Hülle desselben, so hilflos.

Ich nahm ihn zu mir und sprach von Christus. Es war, als ob er innehielte in seinem Ausbruch, aber mehr, weil er elend war statt begriff.

Ich sprach ihm darauf von den wiederholten Erdenleben und dass es für ihn viel bedeute, wenn er sich auf das künftige Erdenleben, zu dem er wiederkehren wird, besinnen würde. Dann, so sagte ich, könnte er eine gute Mutter bekommen.»[102]

Auch wenn die Erfahrungen Albert Steffens der «höheren Mathematik» des meditativen Lebens angehören, so ist es eine Erfahrungstatsache, dass wenn regelmäßig mit den Verstorbenen meditiert wird, sie selten alleine kommen. Durch die karmischen Verbindungen bringt ein Verstorbener oft eine Reihe von Schicksalsgenossen mit, nach dem Prinzip des «Schwan, kleb' an», wie im Märchen von Ludwig Bechstein von 1847. Eine Mutter, die nach dem Suizid ihrer Tochter täglich um Hilfe für die Verstorbene betete, spürte nach einiger Zeit, wie sie – nach eigener Aussage – «einen Ozean von Verstorbenen» um sich hatte. Damit man nicht überwältigt wird, ist es absolut nötig, ein Werkzeug anzuwenden: «den Schlüssel Davids, der öffnet und niemand kann schließen, der schließt und niemand kann öffnen» (Apokalypse 3:7). So behält man unter allen Umständen seine Autonomie.

Wohin ich auch gehe

Wege gehe ich, die noch nie begangen
ungewiss, wo es hingeht.
Gab es vielleicht einmal jemanden
der alles mir Bevorstehende schon gekannt hat?
Ich hab's vergessen
gehe aber weiter, frei von allem.
Wohin ich auch gehe:
wie Säulen stehen die Toten um mich herum,
und schweigen in allen Sprachen.
Sie wissen mehr als jeder.
Mir genügt es zu wissen:
Diesen Weg gehst du allein.
Du wirst nicht innehalten,
nirgendwo Unterschlupf finden, noch irgendwo wohnen,
um dann aus eigener Kraft zu Hause anzukommen.

Bastiaan Baan

Bezüglich der Wechselwirkung mit den Verstorbenen und was sich ereignen kann, schon alleine, wenn man ihnen die «Tür» einen Spalt öffnet, schrieb mir jemand, der in der ersten Ausgabe meines Buches zur Meditation das entsprechende Kapitel gelesen hatte, Folgendes: «Gestern las ich, was du zum Umgang mit den Verstorbenen geschrieben hast. Das berührt mich sehr – und was das hervorgerufen hat, möchte ich gerne und frei mit dir teilen.

Mir wurde klar, dass ich – aus Unwissenheit – zu der Einstellung gekommen war: «Tod ist Tod und weg ist weg». Was du geschrieben hast, ließ mich erkennen, dass ich die Verstorbenen sozusagen ausgesperrt und zu wenig Beachtung entgegengebracht habe. Die Entdeckung war sehr schmerzhaft, bekümmerte mich sehr und ich habe ihnen mein aufrichtiges Bedauern über meine Unwissenheit ausgesprochen.

Dadurch öffnete sich mein Herz und ich erhielt Zugang zu einem Bereich, wo anscheinend auch meine verstorbenen Brüder und Schwestern sich aufhalten. Es entstand eine besondere Verbindung und so gehören sie wieder zur Familie. Es gab mir das Gefühl von Vollständigkeit, von Ganzheit. Wir gehören zusammen.

Während ich mich beim Meditieren an sie erinnerte, stiegen differenzierte Bilder auf, alle unterschiedlich, die von jedem zeigten, in welcher Qualität des Seins sie sich jeweils befinden. Insbesondere was meine Schwester V. angeht, da wurde ich sehr traurig bezüglich dessen, was ich ihr womöglich durch meine Unwissenheit angetan habe. Wir hatten immer einen besonderen Draht zueinander und ihre Tür stand immer offen. Ich hoffe, ich kann mein Versäumnis wiedergutmachen, indem ich ihr nachträglich mein Mitgefühl, meine Verbundenheit und Dankbarkeit mitteile.»

Diese Erfahrung zeigt, wie schmal die Grenze ist, die uns von den Verstorbenen trennt – und wie es, sogar nach Jahren des Aussperrens, möglich ist, Brücken zu bauen.

17 Gebet und Meditation

Je höher die Erkenntnis, desto frömmer wird sie;
denn Anbetung ist der einzig mögliche Umgangston mit
göttlicher Wirklichkeit.

Rudolf Frieling[103]

Bevor wir einen Vergleich zwischen Meditation und Gebet anstellen und uns anschauen, wie sie sowohl unterschiedlich sind als sich auch gegenseitig verstärken können, suchen wir zunächst nach den Eigenarten und Qualitäten des Gebetes.

Beten tut man nie allein; auch nicht, wenn man sich in sein eigenes «*tameion*», sich in seinen innersten Winkel zurückzieht und die Außenwelt aussperrt. Das Gebet, das Christus uns gegeben hat, spricht von «uns» und «wir» – nirgends von «ich».

Sogar wenn ich in größter Einsamkeit bete: Ich wende mich an *unseren* Vater. *Du hörst das Gebet* (Psalm 65:3).

Zum Glück erhört Er nicht alle unsere Gebete. Das wäre eine Unmöglichkeit, wenn z. B. Armeen, die einander mit Feuer und Schwert bekämpfen, sich auf den Leitspruch berufen: «Gott mit uns!» Aber wenn für uns Tatsache ist, dass Er uns hört, dann gibt uns das bereits die richtige Stimmung zum Beten. Ein wirkliches Gebet kann nie ein Monolog sein. Das Gebet wird erst echt, wenn das Sprechen aus dem Hinhören und das Hinhören aus dem Sprechen hervorgeht. Bevor ich einen Vers des Vaterunsers spreche, kann ich versuchen zu lauschen, wie Christus diese Worte gesprochen hat. Lauschend beten und betend lauschen, im Gebet vertieft. An vielen Stellen spricht Christus davon, dass Er selbst für uns betet. Von Anfang bis Ende ist das *Hohepriesterliche Gebet* (Johannes 17) dafür ein Beispiel. Als Hohepriester für die gesamte Menschheit steht Christus vor dem Heiligsten der Heiligen – Aug' im Aug' mit dem Vater, ruft er ihn mit seiner Fürbitte an.

Das war im jüdischen Kultus die Aufgabe des Hohenpriesters: Einmal im Jahr ging er ins Heiligste des heiligen Tempels hinein und opferte für das gesamte Volk. Christus tut es für die Menschheit, «für die, welche durch ihr Wort an mich glauben» (Johannes 17:20). Im *Ersten Brief des Johannes* (2:1) wird die Aufgabe Christi als Hohepriester als «ein Beistand bei dem Vater» beschrieben. In der christlichen Kunst wird er bildlich oft an einem erhöhten Platz dargestellt, während er seine Hände ausstreckt, für seine Jünger betend, die ihm zu Füßen sitzen.[104]

Bei jedem Gebet können wir in uns dieses Bild hervorrufen: Er betet mit uns, für uns. Nach und nach kann dann das Gebet zu einem «Dialog mit dem Göttlichen» werden. In einem Vortrag für die künftigen Priester der Christengemeinschaft drückt sich Rudolf Steiner wie folgt aus: *Das Vaterunser: ein Wechselgespräch mit dem Göttlichen*.[105]

«Es muss der Weg gemacht werden vom Begriff zum Wort, denn es ist ein ganz anderes innerliches Erleben, wenn wir ohne, dass wir äußerlich sprechen, innerlich nicht bloß einen abstrakten Begriffsinhalt haben, sondern das lebendige Erleben des Lautes, in welcher Sprache es zunächst auch ist. Das ganze Vaterunser wird gewissermaßen das Spezifische der Sprache schon hinwegreduzieren, wenn wir im Einzelnen, aus irgendeiner Sprache heraus, nun nicht vorstellen den bloßen Gedankeninhalt, sondern den Lautinhalt. Auf das wurde nämlich gerade in früheren Zeiten beim Beten außerordentlich viel gehalten, dass der Lautinhalt innerlich lebendig ist, denn nur wenn der Lautinhalt innerlich lebendig wird, verwandelt sich das Gebet in dasjenige, was es sein muss, in ein Wechselgespräch mit dem Göttlichen.»[106]

Im Sprechen des Gebetes geht es einerseits darum, den mantrischen Charakter (Vokale, Konsonanten, Rhythmen) zum Ausdruck zu bringen. Auf der anderen Seite ist das Vaterunser – im wortwörtlichen Sinne, ganz und gar wörtlich verstanden – durch seine besondere Struktur zu einem Dialog mit dem Göttlichen gemacht worden.

Das Vaterunser beginnt mit der Hingabe an die Gottheit: *Vater Unser, der du bist in den Himmeln.*

Machen wir uns diesen Satz zu eigen, dann treten wir heraus aus unserer Isolation und wenden uns an die geistige Welt. Mit dem Satz: *Geheiligt werde dein Name* ergeht ein Appell an uns: Dein Name solle von den Menschen geheiligt werden. Die umgekehrte Richtung zeigt sich im Satz: *dein Reich komme*, während der darauffolgende Satz erneut mit einem Appell endet: ... *wie im Himmel also auch auf Erden.*

Zwei Jahre zuvor hatte Rudolf Steiner in einem Vortrag dargestellt, wie es eine ähnliche Gesetzmäßigkeit im Verhältnis der Menschen zueinander gibt. Fortwährend schwingt das Pendel zwischen «in dem Anderen einschlafen» (Hingabe, Sympathie) und «in uns selbst aufwachen» (innerlicher Widerstand, eigene Gedanken bilden – bis hin zur Antipathie) hin und her. In der Begegnung mit anderen Menschen findet dieser komplizierte Prozess, stets unbewusst oder halbbewusst, andauernd statt; im *Vaterunser* kann es ein bewusster Dialog werden. In den Bitten kehren wir immer wieder zu uns selbst zurück – nachdem wir uns mit der Gottheit vereint haben.

Unser tägliches Brot gib uns heute ... Das Geschenk kommt von der Gottheit. *Und vergib uns unsere Schuld, wie auch wir vergeben unseren Schuldigern* ... Wiederum endet der Satz in einer Aufgabe, die wir auf Erden zu erfüllen haben, die uns auf uns selbst zurückwirft. In den letzten beiden Sätzen des Vaterunsers geht es um die Versuchung durch die Widersachermächte innerhalb der menschlichen Seele (des Astralleibes) und die Wirksamkeit des Bösen im Bereich des Ichs. Womöglich erkennen wir auch da eine Andeutung der beiden genannten Richtungen.

Entscheidend im Gebetsleben is das «uns»: Breite deinen Gebetsmantel aus bis zum Anderen hin, schließe ihn mit ein in deiner Fürbitte. «Je uneigennütziger, umso wirksamer ist das Gebet», formuliert es Steiner. Aber Achtung: Man darf sich selbst nicht komplett außer Acht lassen, denn auch man selbst ist ein Teil dieses «uns». Das ist der Unterschied zu den ältesten Formen des Gebetes, die in einer allumfassenden Hingabe an die Gottheit mündeten. Die ältesten der archaischen Gebete bestehen ausschließlich aus Worten des Rufens. Die Gottheit wird herbeigerufen, angerufen; der Mensch geht unter wie ein Tropfen im Ozean. Solche Worte des Anrufens sind unpersönlich, ihr Zweck liegt nur im Aussprechen der Herrlichkeit und Ehre der Götter. Erst in der jüdischen Tradition fängt das an, was wir als einen Dialog mit Gott bezeichnen können – vom ich zum Du. David (etwa 1000 v. Chr.) gehört zu den Ersten, die ein persönliches Gebet sprechen:

> O Gott, du bist mein Gott,
> Dich suche ich, es dürstet nach dir meine Seele ...
> (Psalm 63)

Im Gebet Christi wenden wir uns zum ersten Mal direkt zu Gott als «unser Vater». Später spricht Paulus erstmals von «Sohnschaft» (griechisch: *hu-iothesía*, wörtlich: das Hinstellen des Sohnes) – im Gegensatz zum Menschen, der ursprünglich als Kind Gottes erschaffen wurde (Römerbrief 8:14). Luther, der am Überlieferten festhalten will, übersetzt dies inkorrekt mit: *Alle, die vom Geist Gottes geführt werden, sind Kinder Gottes.* Aber Paulus spricht hier von einer reifen Beziehung Gottes zu den Menschen, die nicht länger Kinder oder Knechte sind, sondern Freunde Gottes und Brüder und Schwestern Christi.

Dass es sich um eine reife Beziehung zu der Gottheit handelt, das wurde bereits vom Kirchenvater Origenes (etwa 184–253) erkannt: «Das Vaterunser ist ein Beten *mit* dem Heiligen Geist, *nicht um Teilhabe am* Heiligen Geist.» Wir leihen Gott unseren Willen – nicht als Marionette oder willenloser Sklave, sondern als Mitvollzieher seines Willens, als Söhne und Töchter Gottes. Das Gebet wird heutzutage recht oft als *ein Optativ,* ein mehr oder weniger frommer Wunsch, ein «*möge dies oder jenes*», betrachtet und praktiziert. Dadurch wird das Gebet auf Dauer kraftlos; unsere nur allzu menschlichen Wünsche werden selten oder nie erfüllt.

In Amerika existiert eine weit verbreitete Form des Fundamentalismus, die das Beten propagiert nach dem Prinzip: *Name it and claim it* (etwa: Sprich es aus und es soll für dich zur Wirklichkeit werden). Von einem Pastor, der völlig enttäuscht seiner *Megachurch*[107] den Rücken kehrte, hörte ich, wie seine Gemeinde von dieser selbstsüchtigen Form des Gebetes völlig auseinandergerissen wurde. Für einen Teil der Gemeinde wurden die Wünsche «mehr Geld und mehr Erfolg» scheinbar mühelos erfüllt; für den größten Teil der Menschen änderte sich aber gar nichts. In der Folge traten allerhand negative Eigenschaften zum Vorschein: Hochmut und Gier, Eifersucht und Neid – bis dann jeder gegenseitige Respekt dahingeschmolzen war. Schon alleine die Überschriften dutzender Webseiten sprechen Bände: «Money affirmations to attract wealth and abundance, I AM affirmations for wealth, health, success and prosperity …»[108] Tatsächlich, beten ist eine Sache des Wollens, ein *Voluntativ*, aus freien Stücken eine Fähigkeit ausüben – allerdings ausschließlich nach dem Prinzip: *Dein Wille geschehe*. Augustinus spricht es radikal aus: «Herr, gib mir die Kraft, alles zu tun, was du von mir verlangst. Dann verlange von mir alles, was du willst.»

Im Gebet richten wir unseren Willen nur auf dieses Eine aus: *Dein Wille geschehe*. In seinen letzten Worten am Kreuz gibt Christus seinem Geist die Richtung mit Worten des jüdischen Abend- und Sterbegebetes vor: *In deine Hände empfehle ich meinen Geist*. Ein einziges Wort fügt er diesem traditionellen Gebet hinzu: «Vater».

Da, wo Rudolf Steiner von den Qualitäten des Gebetes spricht und sie mit den Merkmalen der Meditation vergleicht, geht er auch von der Übergabe des Willens aus: *Dein Wille geschehe*. «Dies ist die christliche Grundstimmung des Gebetes. Was auch immer erfleht und erbetet wird, diese Grundstimmung muss als heller Zwischenton in der Seele des Betenden leben, wenn er christlich beten will. Dann wird dasjenige, was Gebetsformel ist, bloß ein Mittel für den Menschen, sich hinaufzuheben in höhere geistige Gebieten, um Gott in sich fühlen zu können. Dann wird aber auch diese Gebetsformel den Ausschluss eines jeden egoistischen Wunsches und Willensimpulses bewirken im Sinne der Worte: «Nicht mein, sondern dein Wille geschehe.» Sie wird ein Aufgehen, ein Sich-Hineinversenken in diese göttliche Welt ergeben. Wird dann diese Gemütsstimmung als die wirkliche Gebetsstimmung erreicht, dann ist das christliche Gebet genau dasselbe – nur mit einer mehr gefühlsmäßigen Färbung –, was die Meditation ist. Und nichts anderes war dieses christliche Gebet ursprünglich, als was die Meditation ist. Die Meditation ist nur mehr gedankenmäßig, und es wird durch sie versucht, durch die Gedanken der großen Führer der Menschheit den Zusammenklang mit den göttlichen Strömungen, die durch die Welt gehen, zu erreichen. Im Gebet wird dasselbe in einer mehr gefühlsmäßigen Art erreicht. So also sehen wir, dass sowohl im Gebet wie in der Meditation dasjenige gesucht wird, was man die Vereinigung der Seele mit den durch die Welt gehenden göttlichen Strömungen nennen kann, dasjenige, was auf der höchsten Stufe die sogenannte *Unio mystica*, die mystische Vereinigung mit der Gottheit, ist.»[109]

In obigem Zitat wird ein gradueller – kein essenzieller – Unterschied zwischen Gebet und Meditation genannt: es ist – nicht im absoluten, sondern im relativen Sinne – eine Sache von Herz und Haupt, von Fühlen und Denken.

Einige weitere Merkmale, in denen Gebet und Meditation sich unterscheiden, sind:
– Im Gebet steht Gott im Mittelpunkt, in der Meditation Bilder (Vorstellungen), Wörter oder wortlose Gedanken. Letztendlich müssen die Begriffe und Wörter «entwortet» werden.
– Das Gebet enthält fast immer das persönliche Fürwort «Du». Wir wenden uns in direkter Rede an ein Wesen.

In der Meditation beziehen wir uns für gewöhnlich auf eine objektive (Tat-)Sache oder einen objektiven Gegenstand, oft in indirekter Rede, oder wir beziehen uns auf das Ich.

In der Sammlung meditativer Texte Rudolf Steiners (GA 268) finden wir 107 Sprüche mit dem Wort *Es*. Das Wort *Du* wird nur 28-mal verwendet, meist im Sinne von «Du, meine Seele», «Du, mein Geist»: Ich stehe mir selbst gegenüber. Das Wort *Ich* wird 114-mal in einem meditativen Text benutzt. In gewissem Sinne könnte man sagen: In der Meditation bin ich mit mir selbst allein (Ich schaut mir zu), im Gebet bin ich allein mit Gott.

– Gebet und Meditation verhalten sich zueinander wie Wärme und Licht. Im Psalm 141:2 und in der Offenbarung des Johannes (Apokalypse 5:8) wird das Gebet mit Weihrauch verglichen, der aus dem Feuer aufsteigt. In der *Hesychasmus*, der griechisch- und russisch-orthodoxen Gebetstradition, ist *calor* (lateinisch: «Hitze» oder «Wärme») die erste Wirkung des ununterbrochenen Jesusgebetes, die Wärme des Herzens, die entflammt. Allerdings, so wie Licht und Wärme miteinander verwandt sind, und sogar ineinander übergehen, so lässt sich auch sagen: «unseres Gebetes Herzenslicht», ein Wortlaut aus der Liturgie der Christengemeinschaft.

– Meditation und Gebet können sich gegenseitig verstärken. Man gewinnt neue Klarheit, wenn man sich ab und zu in ein einziges Wort des Vaterunsers vertieft. Noch deutlicher: Geschieht solches nicht, so kann es sein, dass auf Dauer die Wirksamkeit des Gebetes abgeschwächt wird, denn jede Art «mechanischen» Betens untergräbt diese. Schon allein das «Unser» im Vaterunser verlangt nach einem vertieften Bewusstsein: Mit wem, für wen spreche ich das Wort «Unser»?

– Habe ich je versucht in Gedanken mit jemandem zusammen das Vaterunser zu sprechen, mit dem ich einen Konflikt habe? Es gab mal ein Gemeindemitglied, das sich bei Friedrich Rittelmeyer über einen Priester der Christengemeinschaft beschwerte. Da fragte Rittelmeyer: «Haben Sie schon mal für ihn gebetet?»

– Habe ich versucht das Vaterunser zusammen mit Christus auszusprechen? Kann ich mir vorstellen, dass Er neben mir steht und jedes Wort mit mir spricht?
– Habe ich je das Vaterunser zusammen mit einem Verstorbenen gesprochen? Genaugenommen, ist jedes wahre Gebet eine «Sterbeübung»: Wir schließen unsere Augen. In Stille falten wir unsere Hände. Wir schließen den Mund. So sind auch die Gebärden eines Sterbenden, der sich ganz nach innen wendet. Es würde uns zu weit führen, jedes einzelne Wort dieses Gebetes *sub specie aeternitatis,* «unter dem Gesichtspunkt der Ewigkeit», zu betrachten.[110]

Hier ein Beispiel aus einer anderen Perspektive: *Dein Wille geschehe.* Im Erdenleben sind wir gewohnt, dass wir anderen unseren Willen auferlegen können und die Geschehnisse dirigieren. Im nachtodlichen Leben ist es uns nicht mehr möglich, unseren eigenen Weg zu gehen. Ob es uns beliebt oder nicht: Wir «willigen ein» mit dem Willen Gottes. Die Freiheit, die wir nur hier auf Erden haben, wurde mal von jemandem folgendermaßen ganz radikal ausgedrückt: «Wir sind Tote auf Urlaub.» Im Leben nach dem Tode folgen unsere Taten uns nach (Apokalypse 14:13).

Die Bitte um das tägliche Brot gilt auch für die Verstorbenen – wenn auch nicht im physischen Sinne des Wortes. Das griechische Vaterunser hat für diese Bitte ein besonderes Wort, das es in der griechischen Sprache nur ein Mal gibt: *epi-ousios.* Der Kirchenvater Origenes wusste um die Einmaligkeit dieses Wortes, das übrigens als Akkusativ *epi-ousion* exakt in der Mitte des griechischen Textes des *Vaterunsers* steht. Einerseits finden wir hier das Zeitwort *epi-hiemai*: zuschnellen auf (jemanden). Eine zweite mögliche Ableitung entstammt dem Zeitwort *ep-einai,* eine Zusammenziehung von *epi* und *einai*: sich in unmittelbarer Nähe befinden, über etwas oder jemandem stehen. So haben wir die einmalige Kombination *epi* (oberhalb, in der Nähe) und *ousia* (das, was ist, ein Wesen, das Dasein). Darum übersetzt der Kirchenvater Hieronymus

(347–420) diese Worte mit: *panem nostram super-substantialem*: unser übersinnliches Brot. Im Mittelalter hieß es: *panem angelicum*, Brot der Engel. Dieses brauchen die Verstorbenen täglich. Vielleicht ergeben sich aus den obigen Beispielen Anhaltspunkte für eine meditative Vertiefung des Vaterunsers.

Mit Beten kann auch die Meditation eine unendliche Vertiefung und Bereicherung erfahren. So ist das auch von Rudolf Steiner gemeint, wenn er von der Anthroposophie spricht: «So beginnt Anthroposophie überall mit Wissenschaft, belebt ihre Vorstellungen künstlerisch und endet mit religiöser Vertiefung; beginnt mit dem, was der Kopf erfassen kann, geht heran an dasjenige, was im weitesten Umfange das Wort gestalten kann, und endet mit dem, was das Herz mit Wärme durchtränkt und das Herz in die Sicherheit führt, auf dass des Menschen Seele sich finden könne zu allen Zeiten in seiner eigentlichen Heimat, im Geistesreich. So sollen wir auf dem Wege der Anthroposophie ausgehen lernen von der Erkenntnis, uns erheben zur Kunst und endigen in religiöser Innigkeit.»[111]

Der Schriftsteller Sigismund von Gleich (1896–1953) hat in seinem letzten Buch *Die Inspirationsquellen der Anthroposophie*[112] auf diese religiöse Dimension der Anthroposophie hingewiesen. Er empfand es als seinen Auftrag, «diese dritte Phase der Anthroposophie zu inaugurieren», so schreibt seine Frau Magdalene von Gleich im Nachwort. In gewissem Sinne ist dies immer noch eine Aufgabe für die Zukunft.

Alle großen Heiligen und Mystiker haben Gebet und Meditation nebeneinander ausgeübt, um das Geisteslicht zu erwärmen und die Geisteswärme zu erleuchten. Hier nacheinander Beispiele einer Meditation (1950) und zweier Gebete (1954 und 1961) aus dem Tagebuch von Dag Hammarskjöld.[113]

1950
Die längste Reise
ist die Reise nach innen.
Wer sein Los gewählt hat,
wer die Fahrt begann
zu seiner eigenen Tiefe (gibt es denn Tiefe?) –
noch unter euch,
ist er außerhalb der Gemeinschaft,
abgesondert in eurem Gefühl
gleich einem Sterbenden
oder wie einer, den der nahende Abschied
vorzeitig weiht
zu jeglicher Mensch endlicher Einsamkeit.

Zwischen euch und jenem ist Abstand,
ist Unsicherheit –
Rücksicht.

Selber wird er euch sehen
abgerückt, ferner,
immer schwächer eures Lockrufs
Stimme hören.

1954
Du, der über uns ist,
du, der einer von uns ist,
du der i s t –
auch in uns;
dass alle dich sehen – auch in mir,
dass ich den Weg bereite für dich,
dass ich danke für alles, was mir widerfuhr.
Dass ich dabei nicht vergesse der anderen Not.
Behalte mich in deiner Liebe,
so wie du willst, dass andere bleiben in der meinen.
Möchte sich alles in diesem meinem Wesen
zu deiner Ehre wenden,

und möchte ich nie verzweifeln.
Denn ich bin unter deiner Hand,
und alle Kraft und Güte sind in dir.

Gib mir einen reinen Sinn – dass ich dich erblicke,
einen demütigen Sinn – dass ich dich höre,
einen liebenden Sinn – dass ich dir diene,
einen gläubigen Sinn – dass ich in dir bleibe.

1961
Erbarme dich
unser.
Erbarme dich
unseres Strebens,
dass wir
vor dir,
in Liebe und Glauben,
Gerechtigkeit und Demut
dir folgen mögen,
in Selbstzucht und Treue und Mut
und in Stille
dir begegnen.

Gib uns
reinen Geist,
damit wir dich sehen,
demütigen Geist,
damit wir dich hören,
liebenden Geist,
damit wir dir dienen,
gläubigen Geist,
damit wir dich leben.

Du,
den ich nicht kennen,
dem ich doch zugehöre.
Du, den ich nicht verstehe,
der dennoch mich weihte
meinem Geschick.
Du –

18 Geduld. Der Prüfstein

Habe Geduld mit jedem, vor allem aber mit dir selbst.

Franziskus von Sales[114]

Geduld ist ein Schlüsselwort bei der Ausübung von Meditation und Gebet – wie auch für alle Lebensprozesse. Das fängt bereits mit der Pflege von Pflanzen an. Mit Hast und Ungeduld kann nichts gedeihen. Geschweige denn das Aufwachsen und Gedeihen von Kindern. Wir sahen schon, dass wir es in der Meditation mit Lebensprozessen zu tun haben, die in der Tiefe der Seele gesät, gepflegt und geerntet werden – durch viele Jahre hindurch. In einer Welt der schnellen Resultate kann man sich mit Geduld nichts kaufen, aber für unsere geistige Entwicklung ist sie von Anfang bis Ende des Weges der entscheidende Faktor.

Dem Wort Geduld (griechisch: *hypo-monē*, wörtlich «darunterbleiben») sind wir in Kapitel 2 im Gleichnis des Sämanns im Neuen Testament schon begegnet. Da wird die in gute Erde gefallene Saat verglichen mit Menschen «die das Wort, das sie gehört haben, festhalten in einem edlen und guten Herzen und Frucht bringen in Geduld» (Lukas 8:15). Das betrifft nicht nur die Ernte eines Menschenlebens, sondern auch die Ernte der ganzen Menschheitsentwicklung: die Apokalypse. In der sogenannten «kleinen Apokalypse»[115] prophezeit Christus katastrophale Ereignisse, die die ganze Menschheit heimsuchen werden. Sie sind unvermeidlich, aber: «Durch euer Ausharren werdet ihr das Leben eurer Seelen gewinnen» (Lukas 21:19). In der großen Apokalypse, die Offenbarung des Johannes, findet sich das Wort Geduld siebenmal. Jedes Mal betrifft es eine Form der Geduld, die auf die Probe gestellt wird. Wenn dann diese Siebenerreihe vollendet ist (Apokalypse 14:12), beginnt – als Frucht der Geduld – eine neue Siebenerreihe: die Seligsprechungen.

Die griechische Sprache besitzt für «Geduld» noch ein weiteres Wort: *macro-thumia*, wörtlich: langes, langanhaltendes Erleiden. Während das Wort *hypo-monē* ein aktives Tragen und Ertragen der Prüfungen im Leben ausdrückt, beinhaltet *macro-thumia* die Art von Umgang mit Menschen, die geduldig wartet und nicht eingreift. Wenn unsere *hypo-monē* auf die Probe gestellt wird, wächst der Glaube; wenn unsere *macro-thumia* auf die Probe gestellt wird, wächst die Liebe. So wird der letztgenannte Ausdruck insbesondere für die Geduld Gottes verwendet. Oft wird die Geduld Christi oder die Geduld Gottes als Beispiel genannt für den Weg, den wir zu gehen haben (wie in Kolosserbrief 3:13). Etwas von diesen unterschiedlichen Qualitäten finden wir in den Ausdrücken Eselsgeduld (belastendes Ertragen) und Engelsgeduld (die Eigenart anderer aushalten). Wir brauchen etwas von beiden, obgleich wir mit unseren menschlichen Unzulänglichkeiten geneigt sind, eher eine Last zu tragen, als wie Engel eine leichtfüßige Geduld zu üben.

Ein Beispiel für Engelsgeduld erzählte mir ein erfahrener Meditierender, der nach jahrelanger Übung es schaffte, die Verstorbenen nicht nur zu begleiten, sondern ihnen auch im *Kamaloka* zu begegnen. Unter den vielen, die er begleitete, war eine Frau, die nach dem plötzlichen Tode ihres Mannes verbittert zurückgeblieben war – und bis zu ihrem Tode ihr eigenes Leben und das anderer vergällte. Ein tragisches Leben. In der Imagination der Verstorbenen war dies sichtbar: Wie in einem Kokon war sie von den Folgen ihrer Taten eingefangen. Neben ihr stand ein Engel, der zu dem Meditierenden, der sie besuchte sprach: «Dies dauert noch zwei Erdenleben. Dann ist es ausgeglichen.» Wenn das nicht *macro-thumia*, langes, langanhaltendes Erleiden ist – zwei Erdenleben lang! Nochmal zurück zu unseren unvollkommenen, menschlichen Formen der Geduld. Die beste Art und Weise, sie zu üben, ist, mit Fragen nach der Methode des chinesischen Sprichworts zu leben: Eine regelmäßige Tätigkeit beginnt als ein hauchdünner Faden und endet als ein stählernes Seil. Entwickeln wir in Stille eine Kultur des Fragens, ohne gleich alles erklären zu wollen mit unserem intellektuellen Verstand, der schnelle Antworten sucht, so wird auf Dauer das Leben selbst uns antworten. Die niederländische Schriftstellerin Lita Vuerhard erzählte mir einmal, dass sie jahrelang einen Wunsch in Form einer Frage gehegt hatte. Statt eines Wunschdenkens blieb die Frage offen und der Wunsch unerfüllt, bis ... Hier ihre Antwort als Gedicht:

> Bleibt ein Wunsch auch unerfüllt
> hat das seinen guten Grund.
> Üb' die Liebe – wie die Geduld
> leb' in Friede mit deinem Schicksal
> damit du eines Nachts, vielleicht,
> dessen Sinn verstehen kannst.

Tatsächlich: Eines Nachts wacht sie auf und es ist nicht nur die Antwort da, sondern auch die Einsicht, warum diese Antwort nicht früher oder später kommen konnte. Die Zeit dafür war reif.

Wenn wir in solcher Art und Weise mit existenziellen Fragen leben und unsere Fragen nicht irgendwelchen Behörden, nicht den Menschen vorlegen, sondern der geistigen Welt anvertrauen, kann der Herr des Schicksals zum richtigen Zeitpunkt das erlösende Wort sprechen oder das erlösende Gefüge an Umständen herbeiführen. So geschah es einer Frau, die in jungen Jahren ein Buch Friedrich Rittelmeyers gelesen hatte und Näheres zu den religiösen Hintergründen seiner Arbeit und der Christengemeinschaft erfahren wollte. Eines Tages, achtzehnjährig, entschließt sie sich mit dem Rad nach Rotterdam zu fahren, um dort am Gottesdienst der Christengemeinschaft, der Menschenweihehandlung, teilzunehmen. Diese hatte sie sich ganz anders vorgestellt. Völlig unvorbereitet, in einer Stimmung der Stille, sagten ihr die Worte nichts. Es war, als ob ihr die Tür zugeschlagen wurde. Enttäuscht ging sie nach dem Gottesdienst wieder nach Hause. Was blieb, war ihr Verlangen, das Christentum kennenzulernen. So fragte sie dann und wann die geistige Welt: «Lass mich in meinem Leben Menschen begegnen, die mir von Christus erzählen können». Die Frage blieb und die Jahre verstrichen. Als Lehrerin fuhr sie täglich fast 100 Kilometer mit dem Rad von Tiel nach Hilversum und zurück. (Ihre Tochter sagte anlässlich der Kremation: «Meine Mutter hat in ihrem Leben wohl einige Male die Erde umrundet!») Eines Nachts träumt sie, wie sie auf der Strecke nach Hilversum, rechts eine kleine Brücke sieht. Im Traum sagt ihr eine Stimme: «Da wohnen deine Freunde.» Der Traum ist so klar, dass sie sich entschließt am nächsten Sonntag diesen Ort aufzususchen. Sie fährt über die Brücke und sieht ein Schild: «Kapelle». Sie folgt dem Schild und steht still vor einer kleinen Kapelle, fast versteckt im Grünen. Sie tritt ein. Der Gottesdienst beginnt. Vor dem Altar steht derselbe Mann, den sie Jahre zuvor in Rotterdam am Altar stehen sah: Cornelis Los – einer der ersten Geistlichen der Christengemeinschaft in den Niederlanden. Sie selbst sagte zu diesem Kennenlernen der Menschenweihehandlung: «Aber jetzt erst sah ich, was sich ereignete. Als der Priester das Brot emporhob und den Kelch, da erschien Gold am Altar. Als ich nach vorne schritt, um die Kommunion zu empfangen, da floss dieses Gold in mich hinein. Und jeder, der die Kommunion empfängt, empfängt Gold ...» Von da an ging sie jede Woche zum Gottesdienst.

Als ich sie in den 90er Jahren kennenlernte, war ihr der Weg in den Gottesdienst nicht mehr möglich. Darum fuhr ich regelmäßig mit der Kommunion zu ihrem alten Wohnort, nach Tiel. Bis zu ihrem Tode dankte sie nach jedem Besuch für das Gold, das ihr geschenkt wurde.

Wie wir aus unzähligen Berichten über Nahtoderfahrungen wissen, wird uns auch an der Schwelle zur geistigen Welt eine Frage gestellt: «Als das Licht erschien, sagte es als Erstes zu mir: ‹Was hast du in deinem Leben getan, das du mir jetzt vorweisen kannst?› Im selben Augenblick fingen die Rückblenden an. (...) Sobald es mich nach meinem Leben gefragt hatte, war es verschwunden und die Rückschau hatte begonnen. Dennoch wusste ich, dass es die ganze Zeit über bei mir blieb und mich durch die Rückblenden aus meinem Leben führte, weil ich seine Gegenwart spürte und es ab und zu Bemerkungen machte. Es wollte mir mit jedem dieser Rückblicke etwas zeigen. Ihm ging es nicht darum, zu erfahren, was ich in meinem Leben getan hatte – das wusste es bereits –, sondern es wählte ganz bestimmte Ereignisse aus und führte sie mir vor, damit ich sie wieder frisch im Gedächtnis hätte. Immer wieder betonte es, wie wichtig die Liebe sei. (...) An Wissensfragen schien ihm ebenfalls sehr zu liegen. Wiederholt machte es mich auf Dinge aufmerksam, die mit dem Leben zu tun hatten, und erklärte ausdrücklich, dass ich auch in Zukunft weiterlernen würde. Selbst wenn es mich das nächste Mal riefe (zu diesem Zeitpunkt hatte es mir schon gesagt, dass ich zurückkehren würde), ging die Wissenssuche doch immer weiter. Es sprach davon als einem kontinuierlichen Prozesse; deshalb nehme ich an, dass die Suche auch nach dem Tode andauern wird.»[116]

Im Kindergottesdienst der Christengemeinschaft sind diese beiden Schlüsselworte für das Leben zusammengefasst im Satz: «Christus ist der Lehrer der Menschenliebe.» In diesem lebenslangen Lernprozess ist geduldiges Leben, das Einschlafen und Aufwachen mit Fragen, der Schlüssel, der früher oder später die Tür öffnen wird. So schreibt Rainer Maria Rilke (1875–1926) in einem Brief an einen Freund: «Sie sind so jung, so vor allem Anfang, und ich möchte Sie, so gut ich es kann, bitten, Geduld zu haben gegen alles Ungelöste in Ihrem Herzen und zu versuchen, die Fragen selbst lieb zu haben wie verschlossene Stuben und wie die Bücher, die in einer sehr fremden Sprache geschrieben sind. Forschen Sie jetzt nicht nach den Antworten, die Ihnen nicht gegeben werden können, weil Sie sie nicht leben könnten. Und es handelt sich darum, alles zu leben. Leben Sie jetzt die Fragen. Vielleicht leben Sie dann allmählich, ohne es zu merken, eines fernen Tages in die Antworten hinein.»[117]

In der Esoterischen Schule, wo Rudolf Steiner vielfach über die Geduld gesprochen hat, wird bezüglich des Obigen noch eine praktische Anweisung hinzugefügt: Wenn wir mit Bildern, mit Imaginationen konfrontiert werden, sollten wir zunächst mit Erklärungen warten. «Aber warten müssen wir können, warten und schweigen. So wie wir selbst mit unseren eigenen Gedanken nicht an die Erlebnisse herantreten sollen, so sollen wir noch viel weniger darüber sprechen. Als etwas Heiliges sollen wir unser ganzes geistiges Leben betrachten und behandeln.»[118]

Die einzige Art, mit seinen spirituellen Erfahrungen realistisch umzugehen ist: sie in Stille mit sich mitzutragen. Indem man sie sozusagen «beschweigt», reifen sie im Seelengrund.

Ein Meister des Beschweigens seines meditativen Lebens war der Generalsekretär der Vereinten Nationen Dag Hammarskjöld. Erst nach seinem Tode wurde das von ihm selbst sogenannte «Weißbuch meiner Verhandlungen mit mir selbst – und mit Gott» gefunden, in dem er diesen Teil seines Lebens dokumentiert hat. Als roter Faden in diesem Tagebuch findet sich das Thema der Einsamkeit – die nötig ist, um diesen inneren Weg zu gehen. Wer diese Einsamkeit mit anderen teilen will, wird sich betrogen sehen. Wer die Einsamkeit geduldig trägt, entdeckt früher oder später das darin verborgene Geschenk: «– einer von denen, welchen die Wüste zu Häupten steht und die einen Stern ihren Bruder nennen. Einsam. Aber Einsamkeit kann eine Kommunion sein.»[119]

19 Warum das Johannesevangelium?

Wir stellten bereits dar, dass nicht jeder beliebige Text sich zur Meditation eignet. Beim Meditieren verbinden wir uns mit der Person des Urhebers des Textes. Wenn die Person ein Eingeweihter ist, verbindet sie sich mit dem Meditierenden, unabhängig davon, ob die Person auf Erden lebt oder in der Welt zwischen Tod und Wiedergeburt. Am allermeisten gilt dies für das Meditieren des Christuswortes: «Der Himmel und die Erde werden vergehen, aber meine Worte werden nicht vergehen» (Lukas 21:33). Seine Worte reichen noch weiter als die Sprache der Eingeweihten. Nicht nur spricht der lebendige Christus bis zum heutigen Tag durch seine Worte hindurch; wer sie intensiv in seinem Herzen überdenkt und bewegt, wird davon berührt und verwandelt. Die Mysiker bezeichnen dies als die Erfahrung des *nunc aeternam*, des «ewigen Jetzt.» Hinter dem Evangelium steht das *evangelium aeternam*, das ewige Evangelium, das unauslöschlich der geistigen Welt eingeschrieben ist (Apokalypse 14:6).

Die Worte, die Christus während seines Erdenlebens gesprochen hat, sind keine «Gelegenheitsworte» oder nur für einen vergänglichen Moment gemeint: sie können jederzeit zum Leben erweckt werden und Leben schenken. *Nunc aeternam*: Im Jetzt erscheint die Ewigkeit. Wer es richtig verstehen kann, vermag dies wörtlich an bestimmten Bibeltexten abzulesen. So war für die Mystiker das Wort «heute» ein Anhaltspunkt, um im Jetzt die Ewigkeit zu erfahren. Bei Jesu Geburt spricht der Engel zu den Hirten: «Geboren ist euch heute der Heilbringer ...» (Lukas 2:11). Jedes Jahr, zu jedem Augenblick unseres Lebens kann dieses «heute» zu einer Wirklichkeit werden:

> Wird Christus tausendmal zu Bethlehem geboren,
> und nicht in dir: du bliebst noch ewig verloren.[120]

Friedrich Rittelmeyer, der womöglich mehr als jeder andere im zwanzigsten Jahrhundert mit der Meditation der Worte Christi gelebt hat, beschreibt, wie diese Worte bis in die Tiefe der Konstitution hineinwirken: «Im Meditieren der Christusworte hatte ich eine starke Wirkung dieser Worte auf den Leib erlebt. Es war, als ob diese Worte sagten: Wenn wir in dir leben sollen, so müssten wir dich erst umschaffen. Die intime geistige Körperlichkeit, die hinter der materiellen Körperlichkeit wie ihr geistiger Baumeister steht, trat ins Bewusstsein. An ihr wurden Veränderungen spürbar. Bis zu starken körperlichen Empfindungen, ja bis zu lebhaften körperlichen Schmerzen konnte die Meditation der Christusworte gesteigert werden. Das Nach-Erlebnis war dann ein mächtiges Heil-Bewusstsein, das erst ahnen ließ, was wirkliche Gesundheit des ganzen Menschen ist. (…) Die Christusworte sagten einem mehr oder weniger deutlich, wie der Leib aussehen sollte, in dem sie wirklich leben können.»[121] Diese Beschreibung der Wirkung von Meditation, erklärt auch teilweise das Rätsel der Stigmatisierung. Bis in unsere Zeit hinein zeigt sich bei Menschen, die sich intensiv mit Gebet und Meditation beschäftigen, das Phänomen der Stigmata: die Wunden Christi am Kreuz.

Rittelmeyer erfährt am eigenen Leibe, wie die Meditation der Stigmata Christi aus dem Gebiet des Geistigen heraus bis in das Gebiet der Lebenskräfte hineinwirken kann («Wenn wir in dir leben sollen, so müssten wir dich erst umschaffen»). Mithilfe dieser Lebenskräfte (Ätherkräfte) ist es möglich, bis ins Physische zu wirken. Etwas davon können wir bereits in den vergeistigten Gesichtszügen eines Menschen erkennen, der durch lange Jahre hindurch meditiert hat. Die Wirkung des Meditierens beschrieb ich bereits mit dem Ausdruck: «Steter Tropfen höhlt den Stein». Meditation hat seinen Ausgangspunkt im Ich *(Ich schaut mir zu)*, durchdringt das Gebiet der Seele; «und möglichst farb- und lichtvoll, möglichst klangvoll sollen wir in unserer Seele die Meditationsworte fühlen (…)».[122] Durch ständige Wiederholung wirken wir im Gebiet der Lebenskräfte – und von da dann schließlich bis in den physischen Körper.

Damit die schlummernden Keimkräfte, die Seine Worte in sich bergen, lebendig werden, müssen sie einen guten Nährboden finden, einen Ort, an dem sie in Stille gedeihen können. Vom Evangelisten Johannes wissen wir, dass er ein Leben lang Meditation und Gebet geübt hat, bevor er sein Evangelium schrieb. Das Johannesevangelium, das als Letztes der vier aufgeschrieben wurde, ist die Frucht eines langen Umgangs mit den Worten Christi. So sahen das nicht nur die alten Kirchenväter, die vom «pneumatischen» (geistigen) Evangelium sprachen (abgeleitet vom Griechischen *pneuma*: Atem, Luft, Geist). Immer schon hat man die außergewöhnliche Komposition dieses Evangeliums als Frucht tiefer Einsicht und weiten Überblicks erkannt: Johannes ist unter den vier Evangelisten der «Adler», der mit dem breitesten Gesichtsfeld, mit dem weitesten Blick.

Ein Schlüsselwort seines Evangeliums ist das einfache Wort «bleiben» (griechisch: *menein*), dessen Wichtigkeit auch für das meditative Leben ausschlaggebend ist. Das griechische Wort hat mehr Bedeutungen als nur «bleiben». Unter anderem beinhaltet es: bleiben, wohnen, dauern, ewig sein; und auch: sich dort aufhalten, wo man Nahrung findet. Das abgeleitete griechische *monē* bedeutet: Wohnung, Aufenthaltsort. Ein *monasterion* ist ein Kloster, ein Ort, an dem man gemeinsam einsam lebt. In der Komposition des Johannesevangeliums nimmt das Wort *menein* eine entscheidende Stellung ein.[123]

Die Begegnungen mit Jesus, wie sie in diesem Evangelium beschrieben sind, beginnen und enden mit diesem Wort. Es ist die erste Frage, die die künftigen Jünger an Jesus richten: «Meister, wo weilst du?» (Johannes 1:38. Griechisch: *Rabbi, pou mēneis?*) Unmittelbar anschließend finden wir ein zweites und ein drittes Mal dieses Wort: «Sie kamen nun und sahen, wo er weilt, und blieben bei ihm an jenem Tag.» Wie ein roter Faden wird dieses Schlüsselwort in das Evangelium hineingewoben und gewinnt immer mehr an Bedeutung. Was als physischer Ort beginnt, wird zu einer geistigen, ewigen Wohnung: «Bleibt in mir, so bleibe ich in euch» (Johannes 15:4). An einer folgenden Stelle «Bleibt in meiner Liebe!» (Johannes 15:9) wird *menein* gar als Imperativ benutzt: ein Appell an unsere bedeutsamste innere Aktivität. Hier hat dieses Wort nichts Statisches; appelliert wird an eine ununterbrochene Sehnsucht, sich bleibend mit Christi zu verbinden. Während «bleiben» von den Synoptikern (Matthäus, Markus und Lukas) nur wenige Male benutzt wird, erscheint es bei Johannes vierzig Mal – zuletzt in Zusammenhang mit seiner Berufung, in der er sich von allen anderen Jüngern unterscheidet.

Im letzten Gespräch der Jünger mit Jesu erscheint noch ein letztes Mal das s*chibboleth*[124] des Johannes: «Als Petrus ihn jetzt sieht, spricht er zu Jesus: Herr, was soll aber dieser? Jesus spricht zu ihm: Wenn ich will, daß er *bleibe*, bis ich komme, was hat das mit dir zu tun? Du folge mir!» (Johannes 21:20–22). Johannes ist der Jünger, der von Christi die höchste Form der Liebe (griechisch: *agapè*, die geistige Liebe) empfangen hat. Steiner sagt: «Agapè bringt zum Ausdruck die intimste Beziehung des Schülers zum Eingeweihten.» Origenes, in seinem Kommentar zum Johannesevangelium, sagt es mit anderen Worten: «Dem aber, der an der Brust Jesu lag, ihm werden von Gott die größeren und vollkommeneren Worte über Jesus anvertraut.» Diese Aussage macht verständlich, warum nur Johannes die einzigartigen Abschiedsworte Christi beim letzten Abendmahl in größter Ausführlichkeit zitiert: An der Brust Jesu liegend, vernimmt er wie kein anderer die Worte seines Meisters (Johannes 13:17). Nach der Auferstehung hat Johannes den Auftrag «zu bleiben» – bis Christus in seiner Wiederkunft erneut in Erscheinung tritt.

So wie Jesus am Anfang seiner Erdenwirksamkeit denen, die ihm folgen, einen Ort zum Verweilen bietet, so braucht Christus – weil Er jetzt nicht länger im Stofflichen erscheinen kann – *in uns* einen Ort, wo Er wohnen kann. Der Erste, der dies zu verwirklichen vermag, ist Johannes. Die ersten zwei Briefe des Johannes, die immer wieder vom Bleiben im Sohne und im Vater sprechen, bringen dies zum Ausdruck.

Bis zum heutigen Tag ist es möglich, sich die Worte Christi so zu verinnerlichen, dass man darin eine Bleibe finden, dass sie zu einem «Wohnort» werden. Dann sind es nicht länger leere Worte ohne jegliche Bedeutung, sondern wir – wie auch Er selbst – wohnen in ihnen. Zwei außergewöhnliche Persönlichkeiten haben sich in ihrer meditativen Arbeit im vorigen Jahrhundert in besonderer Weise gegenseitig ergänzt. Und zwar, indem sie die Erfahrung des «Wohnens» von zwei unterschiedlichen Seiten her beschreiben. Michael Bauer, deutscher Mystiker und Schriftsteller, verfasst die Worte: «Christus ist das Heimatlichste der Welt.» Selig, wer dies versteht. Und der Theologe Rudolf Frieling fügte dieser Frucht der Meditation Weiteres sinngemäß hinzu: Michael Bauer habe die Aussage gemacht, Christus sei das Heimatlichste der Welt. So möge Christus auch in uns Menschen und in unserem Erdendasein immer mehr etwas finden, worin Er wohnen könne.

So stark kann die Erfahrung der Geborgenheit werden, dass damit alle Angst überwunden wird. Zum Glück geschieht das nicht nur, wenn wir die Worte aus dem Evangelium zur Meditation verwenden. Es ist sogar möglich, dass jemand, der sich verzweifelt an sie klammert und sie nicht loslassen kann, die Angst überwindet, wie zum Beispiel in der nachfolgend beschriebenen Situation.

Eine psychiatrische Patientin musste während einer schweren Psychose die Nacht in einer Isolierzelle verbringen. In ihrer Verzweiflung und Niedergeschlagenheit wandte sie sich an Gott mit den Worten: «Denn also liebte Gott die Welt, dass er den Sohn, den Eingeborenen, gab, damit jeder, der ihm vertraut, nicht zugrunde gehe, sondern überdauerndes Leben habe.» (Johannes 3:16) Gegen Morgen war sie durch ihr anhaltendes Gebet mit diesen Worten zu sich gekommen. Entgegen allen Erwartungen konnte sie einige Tage später aus der Klinik entlassen werden. Sie selbst schrieb diese bemerkenswerte Veränderung den Worten des Evangeliums zu.

In der Zeit der Wiederkunft Christi ist keinerlei äußere Stätte geeignet, Ihm Zuflucht zu bieten. Im nachfolgenden Gedicht habe ich versucht, in Worte zu kleiden, wo Er dann seine Wohnstatt suchen wird:

Wiederkunft

Jetzt, da ich gekommen bin,
in anderen Gestalten,
wundersam wie Wolken,
gibt es keinen Ort,
wo ich thronen kann,
keinen hohen Berg,
wo ich zu mir selbst kommen kann,
keinen Tempel,
wo die Menschen mir wie in alten Zeiten
tagein, tagaus die Ehre bezeugen.
Doch wenn einer meiner
geringsten Brüder
mich nur einen Augenblick
in sein armseliges Herz
aufgenommen hat,
komme ich, nach einer Reise
von Jahrtausenden,
endlich wieder nach Hause,
dorthin, wo ich wohnen will.

Das Schlüsselwort der christlichen Meditation ist vielleicht das Wörtchen «in». Im Gegensatz zum Gott des Alten Testamentes will Christus innewohnen, einwohnen. Jahwe ist der Gott, der vom «Ich» zum «Du» angebetet wird. Christus ist der Gott, der sich mit dem menschlichen Ich verbinden will. Der Apostel Paulus hat dies erkannt und in die berühmten Worte gefasst: «Mit Christus bin ich gekreuzigt. Ich lebe, doch nicht mehr ich, sondern Christus lebt in mir.» (Gal. 2:20) Auch in anderen Formulierungen kehrt dieser Ausdruck des Einwohnens immer wieder. Paulus spricht vom «In-Christus-Sein», «In-Christus-Leben», «von Ihm Unterricht erhalten», «mit Ihm festverwurzelt sein», «in Ihm wachsen» und «in Seine Gestalt verwandelt werden». Albert Schweitzer (Theologe, Arzt, 1875–1965), schlussfolgert in seinem Buch zur Mystik des Apostels Paulus: Das «Sein im Christus» sei das große Rätsel in den Briefen des Paulus.

Während die vorchristlichen Meditationswege sich für den Zugang zur Gottheit an den Bereichen oberhalb und außerhalb von uns orientieren, führt der Christus-Weg uns zum Erleben Christus in uns.

In der Offenbarung des Johannes wird das Wort «bleiben» noch mal subtil beschrieben. Nicht nur kündigt Johannes an, *dass* Er kommen wird, sondern auch *wie* Er kommen wird. Die Wiederkunft Christi ist ein Ereignis, das unbemerkt vorbeiziehen könnte, wenn wir Sein Anklopfen an unsere Tür nicht beantworten: «Siehe, ich stehe vor der Tür und klopfe an. Wenn jemand meine Stimme hört und die Tür öffnet, zu dem werde ich eingehen und das Mahl mit ihm halten – und er mit mir.» (Offenbarung 3:20) Mit größter Rücksicht auf die menschliche Freiheit klopft Christus an die Tür unserer verschlossenen Persönlichkeit – und wartet. Wenn wir ihn nicht hereinlassen, bleibt Er draußen stehen – und wartet. Und auch wenn wir ihn hereinlassen, ist es an uns, ob wir ihm einen Platz anbieten oder ihm – unverrichteter Dinge – die Tür weisen.

In der seelsorgerlichen Arbeit erzählten verschiedene Menschen von ihren Erfahrungen mit Seinem Kommen:

– Eine Frau lernt die Christengemeinschaft indirekt dadurch kennen, dass sie gebeten wird, ein Weihnachtsspiel auf dem Klavier zu begleiten. Nach der Aufführung hört sie im Traum die Stimme Christi, der zu ihr spricht: «Ich stehe an der Tür und klopfe an. Wenn jemand die Tür auch nur einen Spalt öffnet, werde ich zu ihm hereinkommen.» Als sie danach zum ersten Mal die Menschenweihehandlung erlebt, erfährt sie die Wirklichkeit dieser Worte.

– Nach einer schweren Zeit in ihrem Leben erlebt eine andere Frau tagein, tagaus in ihrem kleinen Häuschen die Anwesenheit Christi. Eines Tages ist es ihr zu viel und laut sagt sie: «Geh weg!» Darauf verschwindet Er und lässt sich nicht mehr hören, nicht mehr blicken. Es dauerte lange, bis diese Frau von Neuem die Anwesenheit Christi erfahren konnte.

Rudolf Steiner hat verschiedene Male die einzigartige Stellung des Johannesevangeliums innerhalb der Bibel angedeutet. Womöglich bietet die nachfolgende Beschreibung Anhaltspunkte dafür, wie wir Christus einladen und ihm die Tür öffnen können – nicht nur für uns, sondern für das Leben auf der Erde:

«Wenn aber jemand hernimmt das Johannes-Evangelium und liest darin nur drei Zeilen, so macht das ungeheuer viel für das ganze Weltenall aus; denn wenn zum Beispiel niemand unter den Erdenseelen das Johannes-Evangelium lesen würde, würde die ganze Erdenmission nicht erfüllt werden können: von unserer Teilnahme an solchen Dingen strahlen aus spirituell die Kräfte, welche der Erde immer neues Leben zuführen gegenüber dem, was in ihr abstirbt. (...) Es kann unter Umständen ein Mensch äußerlich sehr wenig tun, aber wenn er, nicht um einen persönlichen Genuss zu haben, sondern mit einer entwickelten Seele weiß, dass in seinem Gefühl die Gelegenheit gegeben wird, dass dieses Gefühl, welches für das Weltendasein wichtig ist, überhaupt vorhanden ist, so tut er damit außerordentlich viel.»[125]

20 Der Prolog des Johannesevangeliums

Das Johannesevangelium ist für die westliche Esoterik möglicherweise die allerwichtigste Inspirationsquelle – und insbesondere der *Prolog* des Johannes. Johannes ist nicht nur der Evangelist, der den höchsten spirituellen Standpunkt einnimmt (die Adlerperspektive); gleichzeitig ist er am tiefsten mit der Erde verbunden. Der Schlüsselsatz im Prolog ist das beste Beispiel dafür: «Und das Wort ist Fleisch geworden.» Dieses bildet auch im klassischen *Credo* einen Höhepunkt: *Et incarnatus est*. In der Vertonung des *Credos* großer Komponisten kommt dies auch musikalisch als Höhepunkt zum Ausdruck. Im Christentum gibt es keinen Begriff, der so mit der Assoziation des Sündenfalls behaftet ist wie das Wort «Fleisch». Das griechische Wort *sarx* bezieht sich auf die physische, menschliche Natur, die zur Sünde neigt. Dagegen deutet das andere Wort für Körper, *soma*, auf den physischen Körper als Gesamtorganismus und wird gelegentlich auch für einen Pflanzenkörper oder einen Himmelskörper verwendet. In seinem Evangelium bringt Johannes das Höchste und das Tiefste zusammen: Das Wort ist Fleisch geworden. In gewissem Sinne ist dieses die Essenz des Christentums. Uns ist nicht länger auferlegt, das Jammertal der Erde möglichst schnell hinter uns zu lassen und den Kreislauf der Inkarnationen (Sanskrit: *samsara*) zu durchbrechen. Im Gegenteil: Das Schicksal der Erde soll dir nicht gleichgültig sein, mache sie zu einem Kunstwerk, wandle sie in eine neue Erde um. Dieses Motiv finden wir bei zwei typisch westlichen spirituellen Strömungen – bei den Alchemisten und den Rosenkreuzern (Alchemie im Sinne von geistigem Verständnis der Erdenstoffe und ihrer Umwandlung). Sie wählten Johannes zum Schutzheiligen und gaben ihm den Namen ‹Johannes der Alchemist›. Wer einmal dieses Motiv erkannt hat, wird es von Anfang bis Ende des Johannesevangeliums, in seinen Briefen und in seiner Offenbarung wiedererkennen: vom Zeichen der Hochzeit zu

Kana, wo Wasser in Wein verwandelt wird, bis zum *neuen* Himmel und zur *neuen* Erde in der Apokalypse. Die Transsubstantiation des Kosmos ist die letzte Konsequenz aus «das Wort, das Fleisch geworden ist».

Johannes zeigt in seinem Prolog, dass der Logos, das Wort, keine Abstraktion ist, sondern ein göttliches Wesen. Unser menschliches Wort ist für gewöhnlich ein Konzept, eine Möglichkeit, vielleicht ein Versuch, in der Wahrheit zu leben. Der Theologe Thomas von Aquin (1225–1274) sprach vom menschlichen Wort als *«potentia»*, als eine Möglichkeit – im Gegensatz zum göttlichen Wort: *actus*, eine Handlung. In Gott sind Gedanke, Wort und Substanz in *einer* Einheit untrennbar vereint, sind ein Ganzes. Gott sprach: «‹Es werde Licht› – und es ward Licht» (Genesis 1:13). In seinem *Prolog* spricht Johannes von: «... und ein Gott war das Wort.» Während unsere menschlichen Worte nur Träger unserer Gedanken, unserer Gefühle und Willensimpulse sind, ist Gottes Wort und auch sein Wesen ein und dasselbe. «Unser Wort ist nicht von derselben Natur wie wir; aber das göttliche Wort besitzt die selbe Natur wie Gott.»[126] Deshalb schreibt Johannes *das* Wort (griechisch: *ho logos*) – und nicht *ein* Wort. Jede Verszeile des Prologs lässt uns an der Frucht langjähriger Meditation teilhaben. Um die Bedeutung der Worte zu verstehen, müssen wir uns mit dem griechischen Text befassen, in dem Worte für gewöhnlich keine Begrifflichkeiten, sondern Wesen ausdrücken. Wir sagen: «Am Anfang ...» (griechisch: *En archē*). *Archē* ist kein abstrakter Anfang, sondern ein göttliches Wesen. Dionysios Areopagita beschreibt die *Archai* als die Hierarchien der «Zeitenkreisen», hohe Engelwesen, die über den Zeitenlauf regieren. In einem Hymnus aus dem siebten Jahrhundert v. Chr. wird *Archē* «die nie alternde Gottheit der Zeit» genannt.[127]

Die benutzte Form des Zeitwortes «war» (griechsich: *ēn*) ist ein *Imperfektum*, die Vergangenheitsform für eine nicht beendete, noch andauernde Handlung. Also nicht nur ein Geschehen in der Vergangenheit («Es war einmal vor langer

Zeit ...»), sondern auch die Aussage, dass es sich um eine laufende Handlung handelt. Die Form, in der hier von **Wort** gesprochen wird, zeigt, dass das **Wort** sowohl «war» als auch «ist». Daher der Spruch: «die nie alternde Gottheit der Zeit».

Was ist nun hier das **Wort** (griechisch: *ho logos*)? Für alle vorchristlichen Philosophen war der Logos eine übermenschliche, göttliche Macht, die von der gesamten Schöpfung ausging. So legte der griechische Philosoph Heraklit (535–475 v. Chr.) sein Buch über den Logos als Opfer der Göttin Artemis in Ephesus zu Füßen. Der Logos war «bei Gott» (griechisch: *pros ton theon*). Die Präposition *pros* in Kombination mit dem Akkusativ wird nicht für einen statischen Standort benutzt, sondern für eine Bewegung, eine Richtung. Der Logos ist «auf dem Wege hin zu Gott». In dieser Dynamik sehen wir die dritte Person der Trinität angedeutet, der Heilige Geist: das Wesen, das zwischen dem Sohn (*logos*) und dem Vater (*theos*) vermittelt.

Nun sind die wenigen Anfangsworte des *Prologs* in einer besonderen Reihenfolge angeordnet. Der erste Satz ist dreigeteilt und die Teile werden durch das Wörtchen «und» miteinander verbunden.

> Im Urbeginne war das Wort,
> und das Wort war bei Gott,
> und ein Gott war das Wort

In der Form eines Mantra werden die Worte rhythmisch wiederholt (für den Schweizer Theologen Godet (1812–1900) ist dieser Anfang orakelhaft). Diese mantrische, «trinitarische» Form ist im Griechischen noch weitaus stärker hörbar:

> *En archē ēn ho logos*
> *kai ho logos ēn pros ton theon*
> *kai theos ēn ho logos.*

Der erste Teil des Satzes spricht vom Ewigkeitscharakter des Logos. Der zweite Teil unterscheidet den Logos als eine selbstständige Entität von Gott, während im dritten Teil die Zweiteilung Logos und Gott sich im Gemeinschaftlichen auflöst.

Im folgenden Satz: «Dies war im Urbeginn bei Gott», schließt sich der Kreis; wir sind zurück beim Anfang *(archē)*.

Die Überlieferung besagt, dass als Johannes seinen Prolog dem Schreiber Prochoros diktierte, dieser wie tot zu Boden sank – so überwältigend war die Kraft seiner Worte. Um etwas von dieser Kraft erfahren zu können, habe ich im Laufe vieler Jahre den griechischen Text des Prologs auswendig gelernt und spreche die Worte dann und wann laut aus. Die musikalische Qualität der Sprache, der Rhythmus der Sätze, die Vokale und Konsonanten haben eine magische Wirkung. Ein wenig können wir dies bereits erfahren, wenn wir uns den Text in unserer Muttersprache aneignen und ihn laut sprechen. Mag es sich auch für die meisten Menschen heute wie ein Aberglaube anhören: In früheren Zeiten sprachen die Bauern den Prolog beim Einsäen ihrer Gewächse. Die Überlieferung besagt, dass diese Worte Erntesegen brachten.

Bezüglich des Prologs sagt Rudolf Steiner: «Johannes gibt nun auch dasjenige an, was ihn in einen solchen seelischen Zustand versetzt hat, was ihn hineingeführt hat in das Wahrnehmen auf dem astralischen Plan. Die Formel, die er als Meditationsformel gebraucht hat, steht am Anfang seines Evangeliums: «Im Urbeginne war das Wort, (…). In diesen fünf Sätzen liegen die ewigen Wahrheiten, die in der Seele des Johannes die großen Gesichte herauszaubern. Das ist die Meditationsformel. Derjenige, für den das Johannes-Evangelium geschrieben ist, darf es nicht nur lesen wie irgendein anderes Buch. Er muss die ersten fünf Sätze als Meditationsformel betrachten, dann lebt er Johannes nach, dann sucht er dasselbe zu erleben, was Johannes erlebt hat. Das ist der Weg, ihm nachzuleben, so ist es gemeint. Johannes sagt: Tut, was ich getan habe, lasset in euren Seelen die großen Sätze «Im Anfang war das Wort» und so weiter wirken, und ihr werdet bewahrheitet finden, was in meinen zwölf ersten Kapiteln gesagt ist.»[128]

Der *Prolog* des Johannesevangeliums will nicht nur meditiert, sondern auch im Wortklang und in der Wortwirkung erlebt werden. Ein beeindruckendes Beispiel seiner Wirkung auf die menschliche Sprache beschreibt der Lehrer Heinz Müller, der eines Morgens in der Klasse für Sonderunterricht an der ersten Waldorfschule in Stuttgart hospitierte. Dort begegnete er einem Lehrer, der den *Prolog* zu einer täglichen Übung gemacht hatte: Karl Schubert. Jeden Morgen sprach er mit dem «Chor der Unmündigen» die ersten Sätze des Prologs laut auf Griechisch. Alle Kinder hatten irgendeine Behinderung. Wie nur wenige andere Menschen konnte Karl Schubert mit endloser Geduld und bedingungsloser Liebe nach dem Schlüssel suchen, der ihm Zugang zum individuellen Kind ermöglichte, um ihm zu helfen, seine Behinderung zu überwinden.[129] Heinz Müller erhielt sodann einen sehr ungewöhnlichen Auftrag. Er schreibt: «Als ich mich [nach der Anfangsbegrüßung] still hinsetzen wollte, protestierte Karl Schubert und wies mir eine bestimmte Aufgabe zu. Er rief einen großen, schwerfälligen Burschen herbei, von dem er sagte, der müsste jetzt bald zum Sprechen gebracht werden. Schubert habe täglich mit ihm die ersten Worte des Johannesevangeliums geübt. Das sollte ich jetzt übernehmen. Bei jedem griechischen Wort, das man dem Jungen laut vorsprechen müsse, sollte der einen stampfenden Schritt machen. – So übernahm ich nach dem Morgenspruch und einigen Übungen, die alle Kinder zu machen hatten, den Jungen und begann mit dem Sprechen und Stampfen. Inzwischen war es schon sehr warm in der Klasse geworden; denn die Sonne schien kräftig durch die offenen Fenster herein und heizte das Flachdach der Baracke auf.

Karl Schubert unterrichtete nun die übrigen Kinder, während wir zwei hinter seinem Rücken stampfend und lärmend unser «*En archē …*» übten. Plötzlich drehte er sich um und fragte, warum ich so leise spräche. Ob ich's nicht lauter könnte. Ich sagte, dann würde ich doch seinen Unterricht stören; das aber ließ er nicht gelten und machte mir nun dröhnend vor, wie er es haben wollte. Da begann für uns eine anstrengende Schwitzkur, musste ich doch, je länger es dauerte, desto energischer den reichlich unbeweglichen Koloss neben mir zum Stampfen zwingen. Endlich blieben wir nach etwa fünfzig Minuten erschöpft am offenen Fenster stehen, um etwas zu verschnaufen. Da kam es wie ein seufzendes Stöhnen, aber unverkennbar ähnlich den eben geübten Worten, aus dem keuchenden Munde des Jungen: «En archē en ho logos.» Zu jedem Wort brauchte er einen tiefen, vollen Atemzug. Karl Schubert hatte sich umgewendet, er lauschte gespannt, dann packte er abwechselnd den Jungen und mich an den Schultern, und jubelnd tönten seine Sätze: «Das hab' ich gleich heut' früh gewusst. – Das ist ein herrlicher Tag. Die Sonne scheint, die Vögel singen, ein junger Freund sagt «Grüß Gott» zu mir, – und du, Bub, hast die ersten Worte gesprochen.»[130]

Der Prolog des Johannes
Im Uranfange war das Wort, und das Wort war bei Gott, und ein Gott war das Wort, dieses war im Uranfang bei Gott.

Alles ist durch dasselbe geworden, und außer durch dieses ist auch nicht Eines von dem Entstandenen geworden.

In ihm war das Leben, und das Leben war das Licht der Menschen; und das Licht scheint in die Finsternis, und die Finsternis nahm es nicht auf.

Es ward ein Mensch, gesandt von Gott, sein Name war Johannes. Dieser kam zum Zeugnis, auf dass er Zeugnis ablege von dem Lichte, damit durch ihn in allen der Glaube erwache. Nicht er war das Licht, sondern er sollte Zeugnis ablegen von dem Lichte. Denn das wahre Licht, das jeden erleuchtet, war auf dem Wege in die Erdenwelt.

Er, der das Licht ist, war in der Welt, und die Welt ist durch ihn geworden, und die Welt erkannte ihn nicht. Zu den Ich-Menschen kam Er, und die Ich-Menschen nahmen ihn nicht auf. So viele ihn aber aufnahmen, denen gab er Vollmacht,

Gotteskinder zu werden, denen, die seinem Namen vertrauten. Sie sind nicht aus menschlichem Geblüt noch aus natürlichem Trieb und nicht aus Manneswillen, sondern aus Gott geboren.

Und Er, das Wort, wurde Erdenmensch und nahm Wohnung in unserem Dasein. Und wir schauten seine Offenbarung, da Er sich offenbart als eingeborener Sohn des Vaters, erfüllt von Hingabe und Wahrheit.

Johannes legt Zeugnis für ihn ab und verkündet laut: Dieser war, von dem ich sagte: Der nach mir Kommende ging mir voraus, denn als Erster, bevor ich war, war Er. Und aus seiner Fülle haben wir alle empfangen, Gnade über Gnade. Denn das Gesetz wurde durch Moses gegeben, das Leben aus Gnade und Wahrheit ist durch Jesus Christus entstanden.

Niemand hat jemals Gott gesehen; der eingeborene Sohn, der im Schoß des Vaters weset, Er hat ihn zur Anschauung gebracht.

21 Ich bin

Das Ich ernährt sich ausschließlich von den Bewegungen, die es selbst macht.

Jacques Lusseyran

Unser Ich ist das Instrument, das wir zum Meditieren benutzen. Jeden Schritt im meditativen Leben muss ich selbst machen, kein anderer kann das für mich tun. Bis in den sprachlichen Ausdruck können wir den Unterschied zwischen Meditieren und Beten bemerken. Man kann für einen anderen beten. In gewissem Sinne ist das sogar die wirksamste Form des Gebets. Die selbstlose Fürbitte. Aber nie sagen wir: Ich werde für dich meditieren. Und wenn wir das schon versuchen würden, würde das dem anderen nichts nützen. Meditieren gelingt nur nach dem Prinzip: Mach es selbst!

Allerdings brauchen wir das Instrument des Ichs fortwährend, um als autonome Wesen zu funktionieren und uns zu behaupten. Gewöhnlicherweise identifizieren wir uns mit unserem Körper, der uns ein Bewusstsein unseres Ichs vermittelt. Wo mein Körper ist, da bin ich. Wenn ich im überfüllten Bahnwaggon einen Platz ergattere, kann ich erleichtert sagen: «Ich sitze!» Aber bin das ich? Japanische Studenten am Seminar, an dem ich unterrichtete, staunten oft darüber, wie häufig wir das Wörtchen «ich» verwenden. Einer von ihnen erwähnte mal: «Wir sagen nie, ‹ich habe Hunger›. Es ist mein Magen, der Hunger hat. Wir verwenden den Begriff ‹ich› nur in ganz besonderen Situationen, zum Beispiel wenn ich jemanden einen Heiratsantrag mache.»

Im Gegensatz dazu haben die Wörter «ich» und «selbst» in unserer westlichen Welt eine Abwertung erfahren – und zwar so sehr, dass viele Menschen sich nur ihres kleinen Egos bewusst sind und sich als Mittelpunkt des Universums wähnen.

Einem amerikanischen Besucher des «Keukenhof» (weltberühmte, große Gartenschau in den Niederlanden) fiel auf, dass sich innerhalb weniger Jahre die Blickrichtung der meisten Besucher buchstäblich umgekehrt hatte. Vor zehn Jahren, so seine Feststellung, war jeder voller Bewunderung für das Meer von Blumen, das eifrig fotografiert wurde. Wenn die Fotos anderen zugeschickt wurden, war die Botschaft: Ich war *hier*. Als er im vorigen Jahr sich erneut den Garten anschaute, machten die meisten Besucher «Selfies» inmitten der Blumen. Diese Fotos senden wir anderen, um mitzuteilen: *Ich* war hier!

Unser Ich ist immer da, wo unsere Aufmerksamkeit ist. Wenn ich mich ganz auf die Blumen im Garten konzentrieren will, muss ich mein Ich mobilisieren. Das Gleiche gilt für meine Aufmerksamkeit gegenüber einem anderen Menschen. Ich kann nicht auf meinem Standpunkt beharren. Erst wenn ich mich in mein Gegenüber hineinversetze, kann ich beginnen, es zu verstehen. In der Pause zwischen zuhören und selbst sprechen erlebt das Ich sich selbst.

Wenn wir nicht genau zuhören und im gleichen Moment bereits unsere Antwort formulieren wollen, darauf gefasst, dem Redner ins Wort zu fallen, wird der sich nicht verstanden fühlen. Das ist keine Antwort, sondern eine Widerrede des egozentrischen Ichs. Erst wenn wir dem anderen zuhören können, ohne dass wir selbst innerlich sprechen, wenn wir dann zu uns selbst zurückfinden und innerlich lauschen, kann aus dem höheren Ich eine Antwort hervorgehen. Erst dann kann von einem wahren Dialog von Ich zu Ich die Rede sein. Folgendes Ereignis verdeutlicht den Unterschied zwischen beiden Formen des Gesprächs:

Ein Student am Priesterseminar in Stuttgart suchte den Seminarleiter Friedrich Benesch mit einer dringenden Frage auf. Der antwortete umgehend, routinemäßig, worauf der Student erwiderte: «Nein, das ist nicht, was ich meine ...» Dann schwieg Benesch. Er zog sich zurück ins Innere seines Ichs. Aus der Stille ergab sich eine echte Antwort auf die Frage. Am Ende sagte der Student: «Danke sehr.» Benesch beendete das Gespräch mit: «Bitte sehr.»

In der anschließenden Nacht konnte der Student aus einer höheren Warte erkennen, was in diesem Gespräch entstanden war. In einem Wachtraum sah er nochmal den Gesprächsverlauf vor sich. Alle einzelnen Schritte wiederholten sich: die Frage, die oberflächliche Antwort, das Signal: «Nein, das ist nicht, was ich meine.» Dann zeigte der Traum, woher die wirkliche Antwort gekommen war. Im Traumbild streckte Friedrich Benesch die Hand nach einer hinter ihm liegenden Welt aus. Als diese Hand sich nach vorne bewegte, saß in der Handfläche eine weiße Drossel, die Benesch dem Studenten überreichte mit den Worten: *Bitte sehr!* Der Student nahm die weiße Drossel in seiner Handfläche entgegen mit den Worten: *Danke sehr!* Die geflügelte Antwort, aus dem Ich geboren, war ein Geschenk der Geistesgegenwart. Dafür muss das Ich zwei unterschiedliche Bewegungen machen. In den Worten des Philosophen Fichte: «*Das Ich setzt sich selbst*»[131]. Um die geistige Dimension zu finden, die weiter reicht als unser Ego, müssen wir auch die umgekehrte Bewegung machen. Einer meiner Kollegen formulierte das so: «Das Ich empfängt sich». Damit wird angedeutet, dass unser alltägliches Ich-Bewusstsein nur ein blasser Schatten unseres wahren Ichs ist, welches sich in gewissem Sinne außerhalb und oberhalb von uns befindet. In den Augenblicken, wo es uns gelingt, von unserem wahren Ich her zu schauen und zu handeln, steigen wir weit über unser alltägliches Bewusstsein hinaus. Dieses Bewusstsein kann man mit Adlerperspektive bezeichnen, worauf ich mich im vorigen Kapitel bezog. Tatsächlich, Johannes, der Adler unter den Jüngern, ist der Evangelist des Ichs.

Damit wird angedeutet, dass unser alltägliches Ich-Bewusstsein nur ein schwacher Schatten unseres wahren Ichs ist, welches sich im gewissem Sinne außerhalb und oberhalb von uns befindet. In den Augenblicken, in denen es uns gelingt, von unserem wahren Ich her zu schauen und zu handeln, steigen wir weit über unser alltägliches Bewusstsein hinaus. Dieses Bewusstsein kann man als Adlerperspektive bezeichnen, worauf ich mich im vorigen Kapitel bezog. Tatsächlich, Johannes, der Adler unter den Jüngern, ist der Evangelist des Ichs.

Von diesem wahren Ich handelt ein hebräischer Text aus dem sechzehnten Jahrhundert, der von Eliphas Lévi in seiner Arbeit *Dogme et rituel de la haute magie* (Paris 1990) niedergeschrieben wurde. Rudolf Steiner hat den Text frei übersetzt und als Meditation an Ita Wegman übergeben:[132]

Dies nun sind die Privilegien und Mächte desjenigen, der in seiner Rechten den Schlüssel des Schlomoh und in seiner Linken den blühenden Mandelzweig trägt:
א *Aleph*. – Er sieht Gott von Angesicht zu Angesicht, ohne zu sterben, und spricht vertraulich mit den sieben Genien, die die ganze himmlische Heerschar befehligen.
ב *Beth*. – Er steht über aller Bekümmernis und Furcht.
ג *Ghimmel*. – Er herrscht mit dem ganzen Himmel, und die ganze Hölle dient ihm.
ד *Daleth*. – Er verfügt über Gesundheit und Leben bei sich und anderen.
ה *Heh*. – Durch kein Missgeschick wird er überrascht, durch kein Unglück niedergedrückt, durch keinen Feind besiegt.
ו *Vau*. – Er kennt den Sinn von Vergangenheit, Gegenwart und Zukunft.
ז *Dzain*. – Er kennt das Geheimnis von der Auferstehung der Toten und er besitzt den Schlüssel zur Unsterblichkeit.
Dies waren die sieben großen Privilegien.

Was für den Eingeweihten, der Gott von Angesicht zu Angesicht schaut, bereits allumfängliche Wirklichkeit geworden ist – das Einswerden mit dem höheren Ich –, ist gewöhnlicherweise für uns die Diskrepanz zwischen dem niederen und dem höheren Ich. Das wahre Ich, das in der Nähe Gottes ist, scheint unerreichbar – wie im Traumbild des italienischen Malers Giovanni Segantini (1858–1899). Er träumte davon, wie ihm ein dunkles, abstoßendes Wesen erscheint. Zweimal verjagt er dieses Wesen. «Dann sagte ich zu mir selbst: Vielleicht habe ich falsch daran getan, es so zu verjagen – es wird sich rächen wollen. Kaum hatte ich diesen Gedanken ausgesprochen, als ein Mann, der aussah wie ein Priester, mich beim Arm griff und zu einem Altar führte, auf dem sich ein goldenes Tabernakel befand. Er öffnete es und ich sah den Sarg eines kleinen Kindes, den er daraufhin wieder schloss, wobei er drei Hammerschläge auf den Deckel ausführte. Dann wendete er sich zu mir und sagte: ‹Dies ist ein Stück von dir.› Und ich antwortete ihm: ‹Es war eine Seele in diesem Kind; ein Teil meiner Seele. An diesem Gestorbenen ist ein Teil meines Fleisches. Die Seele befindet sich dort oben – denn ich spüre, dass etwas von mir in der Nähe Gottes ist.› Danach brach ich in heftiges Schluchzen aus. Ich ging in meinem Traum in das benachbarte Zimmer, warf mich auf ein großes Bett und weinte unablässig – bis ich schließlich mit Tränen auf den Wangen erwachte.»

Was Segantini in einem rätselhaften Traumbild erfährt, wird bereits vom christlichen Eingeweihten Paulus in einem seiner Briefe ausgedrückt: «Denn ihr seid durch den Tod gegangen, und euer höheres Leben ist verborgen, mit Christus vereint in Gott. Wenn Christus sich offenbaren wird, Er, der unser höheres Leben ist, dann werdet auch ihr mit ihm offenbar werden im Lichte seines Wesens.» (Kolosser 3:3) Ein Teil unseres Lebens ist von uns abgetrennt und existiert im Verborgenen. Es scheint tot für unser irdisches Bewusstsein – doch bei der Wiederkunft Christi wird es wieder in Erscheinung treten. Rudolf Steiner hat in seinen Vorträgen für die Priester der Christengemeinschaft den Text wie folgt übersetzt: «Ihr seid gestorben, und euer Ich ist von euch getrennt und vereinigt mit Christo in der Geistwelt; wenn aber Christus, der euer Ich trägt, selber vor die Anschauung getreten ist, dann werdet auch ihr mit ihm euch offenbaren.»[133]

Wer einmal diesen Inhalt erkannt hat, wird ihn auch an anderen Stellen des Neuen Testamentes finden. In der Apokalypse finden wir dafür zwei Ausdrücke: «Ich kenne deine Werke; dem Namen nach bist du lebendig und bist doch tot.» (Apokalypse 3:1) Der Brief an Sardes, die fünfte der sieben Gemeinden, ist eine Andeutung unserer fünften nachatlantischen Kulturepoche. An späterer Stelle (Kapitel 12) wird die Tragödie des höheren Ichs, das von uns abgetrennt wird, in der Bildsprache der Apokalypse so beschrieben: «Und ein großes Zeichen erschien im Himmel: eine Frau mit der Sonne bekleidet, den Mond unter ihren Füßen und über ihrem Haupt eine Krone von zwölf Sternen; schwanger ist sie und schreit in den Wehen und Schmerzen des Gebärens.

Und ein anderes Zeichen erschien am Himmel: siehe, ein Drache, großmächtig, feuerrot, mit sieben Häuptern und zehn Hörnern, und auf seinen sieben Häuptern sieben Diademe; sein Schweif fegte den dritten Teil der Sterne vom Himmel hinweg und warf sie auf die Erde. Und der Drache stellte sich vor die Frau, die gebären sollte, um ihr Kind, sobald sie es geboren hätte, zu verschlingen.

Und sie gebar einen Sohn, einen Knaben; er soll als Hirte alle Völker hüten mit eisernem Stabe. Und ihr Kind wurde entrückt zu Gott und seinem Thron. Und die Frau floh in die Wüste, wo ihr eine Stätte zubereitet ist von Gott; dort soll sie am Leben erhalten werden zwölfhundertundsechzig Tage lang.» (Apokalypse 12:1–6)

In der Sprache der Imagination ist das die Wirklichkeit, in der wir leben: abgetrennt von unserem wahren Ich – das Kind, das sich im Reich Gottes aufhält – und in die Wüste des einsamen Bewusstseins verbannt (das griechische Substantiv *erèmos* bedeutet sowohl «Wüste» als auch «Einsamkeit»). Das trifft für jeden Menschen zu. In dieser Situation der Absonderung wird das notwendige, für das Erdenleben unverzichtbare Ich-Bewusstsein geboren. Aber es kann sich – wenn ich beginne, uneigennützig zu werden – zu einem Schatten, ja sogar zu einem Spiegel meines höheren Ichs entwickeln:

Deine Arbeit sei der Schatten,
den dein Ich wirft,
wenn es beschienen wird
von der Flamme deines höheren Selbst.

Rudolf Steiner[134]

Wenn wir die Wirklichkeit Christi erleben, kann das wahre Ich erfahren werden. Christus ist das «Ich der Iche», so der Ausdruck Novalis' (1772–1801).

Unser menschliches Ich ist ein zweischneidiges Schwert. Es kann vernichten und heilen. Wir kennen die Spuren der Vernichtung, die Cäsaren und Diktatoren in ihrem Größenwahn hinterlassen haben. Das Ego kann sich der Illusion hingeben, selbst Gott zu sein und als solcher niemanden neben sich zu dulden. Ganz buchstäblich handelten römische Kaiser auf diese Weise, als sie den jüdischen Tempel eroberten und das eigene Bildnis im «Heiligsten des Heiligen» aufstellten. Wie eine von Schatten erfüllte Ahnung künftigen Unheils wurde dies bereits vom Propheten Daniel vorhergesehen, der die «verwüstenden Gräuel» beschreibt, «von der Zeit an, in der das regelmäßige Opfer abgeschafft wird» (Daniel 12:11).

Christus, in seiner kleinen Apokalypse, führt diese Bildsprache fort, wenn Er von den künftigen Ereignissen spricht: «Denn viele werden kommen unter meinem Namen und sagen: Ich bin Christus, und werden viele irreleiten» Matthäus 25:5). An dieser besonderen Stelle finden wir im griechischen Text einen Ausdruck, den Christus nur für sich selbst verwendet: *Ego eimi ho Christos*. Während es in der Regel *eimi* (ich bin) heißt, wird in besonderen Situationen, in denen das *höhere* Ich spricht, dieses *ego eimi* benutzt. Die Widersacher Christi setzen sich mit ihrem Ego, mit dem egoistischen Ich, buchstäblich auf den Platz Christi und rufen «Ich bin Christus».

Allerdings können wir umgekehrt sagen: Das Ich ist in der Lage, die Wunden zu heilen, die es selbst verursacht hat – wenn es aus eigenem Antrieb sagen kann: «Nicht ich, sondern Christus in mir».

In

Fruit in a blossom	In der Blüte – die Frucht
And petals in a seed;	Im Samen Blütenblatt
Reeds in a river-bed,	Im Flussbett – das Reet
Music in a reed;	das Musik in sich hat;
Stars in a firmament	Firmament – darin Sterne
Shining in the night;	ein nächtliches Strahlenfest;
Sun in a galaxy	Galaxie – darin die Sonne,
And planets in its light;	Und Planeten, die sie leuchten lässt;
Bones in rosy blood	Knochen liegen im roten Blut,
Like land in the sea;	Wie Land, das vom Meer umgeben.
Marrow in a skeleton,	Im Skelett, tief darin das Mark
And I in Me.	Und in Mir mein Ich mag leben.

Owen Barfield (1898–1997)

22 «Ich bin» im Neuen Testament

> Christus allein von allen Wesen in den Himmeln und
> auf Erden
> ist für den Menschen kein Du, sondern ein Ich,
> das höhere Ich.
> Er will dem Menschen nicht gegenüberstehen,
> sondern einwohnen.
>
> Rudolf Frieling

In alttestamentarischen Zeiten konnte der Mensch meistens Gott erleben – aber immer als ein Wesen außerhalb, oberhalb von ihm. Gleichzeitig aufschlussreich und doch rätselhaft ist die Gotteserfahrung Moses' am brennenden Dornbusch: Die Gottheit spricht im Feuer, das sich selbst ernährt und nichts verbrennt. Und wenn Moses nach dem Namen desjenigen fragt, der sich ihm offenbart, ist die Antwort: «Ich bin der *Ich bin!* (Exodus 3:14) Aus der Vielzahl der Götter, der Elohim, ertönt der Name des einen Gottes, der *Ich bin* sagen kann. Seit dem frühen Christentum erkennt man in diesem Ereignis die Ankündigung des Messias. So sieht Johannes Chrysostemos (345–407) im brennenden Dornbusch die Imagination der Empfängnis Christi durch Maria. Der Kirchenvater Ephraim der Syrer (306–373) schreibt, dass Gott Moses im brennenden Dornbusch die Gottesmutter mit dem Kind als eine Vorschau zeigte. Und im Antifon der Stundengebete der Maria, den *Lauden*, hört man: «Im Dornbusch, so wie Moses es unverbrannt geschaut hat, erkennen wir deine unberührte und lobenswürdige Jungfräulichkeit.» Mehrere Ikonen und Gemälde zeigen dieses Motiv: Mitten im brennenden Dornbusch sitzt Maria mit dem Kind.

In der griechischen Sprache kann man dieses kraftvolle *Ich bin* nur in Worte kleiden mit «*Egó eimi*», so wie es Christus in sieben Bildern ausspricht:

- Ich bin das Brot des Lebens (Johannes 6:35)
- Ich bin das Licht der Welt (Johannes 8:12)
- Ich bin die Tür (Johannes 10:8)
- Ich bin der gute Hirte (Johannes 10:11)
- Ich bin die Auferstehung und das Leben (Johannes 11:25)
- Ich bin der Weg, die Wahrheit und das Leben (Johannes 14:6)
- Ich bin der Weinstock (Johannes 15:5)

Diese Bildsprache finden wir ausschließlich im Johannesevangelium. Christus spricht alle Ich-bin-Worte in seinem letzten Lebensjahr, er ist sich seines künftigen Weges durch Leiden, Tod und Auferstehung voll bewusst. Diese sieben Ich-bin-Worte, die an unser Ichbewusstsein appellieren, eignen sich hervorragend zum Meditieren. Der Erste, der sie in ihrem Zusammenhang erkannte und daraus eine Gesamtmeditation schuf, war Friedrich Rittelmeyer. In seinem Buch *Ich bin. Reden und Aufsätze über die sieben Ich bin-Worte des Johannes-Evangeliums* (Stuttgart 1968) hat er die Ergebnisse seiner langjährigen Meditationen niedergeschrieben.

Fürs Erste ist das Ich Christi mit unserem alltäglichen Ego unvergleichbar. Von seiner Natur aus hat unser Ich einen exklusiven Charakter: Da wo ich bin, kann kein anderer sein. Mehr noch: Das menschliche Ich ist in seiner Natur egoistisch, sein Streben ist Selbsterhalt und Selbstverwirklichung zu Lasten der Anderen und seiner Umgebung. Hinzu kommt das beunruhigende Phänomen, das Jacques Lusseyran – bevor er 1971 unerwartet starb – in seiner letzten Veröffentlichung beschrieb: die Verschmutzung des Ich.[135] «Man tötet das Ich, wenn man dem Ego alle Rechte einräumt.» Diese letzte Rede Lusseyrans, die ungewollt den Charakter eines Testamentes trägt, ist ein Appell an das Ich. Dieses Ich soll mit ganzer Kraft seine Autonomie ergreifen und nicht zulassen, dass das «Heiligste des Heiligen» von der Diktatur der Umgebungseinflüsse okkupiert wird: die Überfülle an Nachrichten, Zukunftsängste, Werbung, Rausch, Betäubung usw., die uns täglich attackieren. «Die Verschmutzung des Ich schreite schneller voran als die der Erde», so Lusseyran.

Das Gegenmittel für diese Verschmutzung ist die Meditation, in der wir die königliche Autorität des Ichs wieder aufbauen und zum Herrscher über uns selbst werden. In diesem Innenraum, im «Heiligsten des Heiligen», kann Christus wohnen als «König der Könige und Herr der Herren» (Apokalypse 19:16).

Wenn wir das Ich Christi kennenlernen wollen, müssen wir das Johannesevangelium zu Rate ziehen. Darin sind nicht nur die sieben Ich-bin-Worte enthalten, sondern wiederum hören wir siebenmal – ohne irgendeine Ergänzung – aus seinem Munde –: «Ich bin» (*Egó eimi*).[136]

- Ich bin es, der mit dir spricht (Johannes 4:26)
- Er aber spricht zu ihnen: Ich bin, fürchtet euch nicht! (Johannes 6:20)
- Wenn ihr nicht glaubt, dass ich es bin, werdet ihr sterben in euren Sünden (Johannes 8:24)
- Wenn ihr den Menschensohn erhöht habt, dann werdet ihr erkennen, dass Ich bin (Johannes 8:28)
- Ehe Abraham ward, bin Ich. (Johannes 8:58)
- Und so kam er heraus und spracht sie an: Wen sucht ihr? Sie antworteten ihm: Jesus, den Nazoräer. Er spricht zu ihnen: Ich bin. (Johannes 18:5)
- Jesus erwiderte: Ich habe euch gesagt, dass Ich es bin; wenn ihr also mich sucht, so lasst diese hier gehen! (Johannes 18:8)

Zum ersten Mal erscheint dieses besondere «*Ego eimi*» im Gespräch zwischen Jesus und der samaritanischen Frau am Jakobsbrunnen (Johannes 4). Das Gespräch beginnt mit einer höchst ungewöhnlichen Bitte, wenn nicht Aufforderung: «Gib mir zu trinken!» Nicht nur, dass für gewöhnlich die Samaritaner von den Juden gemieden wurden; sondern zum ersten Mal hören wir, dass Jesus Durst hat – ein Ausdruck, der für Johannes typisch ist und in den anderen Evangelien nicht benutzt wird. Diesen Ausdruck hören wir ein letztes Mal am Kreuz: *Mich dürstet.* (Johannes 19:28) Während die Aufgabe Buddhas darin bestand, den Durst nach weltlicher Existenz zu überwinden, bestätigt Christus von Anfang bis Ende seines Lebens seine Verbundenheit mit dem irdischen Dasein. Ebenfalls typisch für Johannes ist die Komposition der Gespräche. Oft finden wir am Anfang eines Dialoges Unverständnis, zum Beispiel im Nachtgespräch mit Nicodemus (Johannes 3) oder mit Martha (Johannes 11). Schritt für Schritt führt Jesus sein Gegenüber zur Einsicht, bis dann der Dialog mit einem vollständigen Wiedererkennen beendet wird: «Ich weiß, dass der Messias kommt, den man den Christus nennt. Wenn er kommt, wird er uns alles verkünden.» (Johannes 4:25) Und diese Aussage bestätigend, spricht Christus seinen eigentlichen Namen aus: «Ich bin es, der mit dir spricht.» (Johannes 4:26) Dann ist es, als ob der samaritanischen Frau die Schuppen von den Augen fallen. Sie erkennt in ihm Christus, den Messias. Als sie anschließend den Dorfbewohnern vom Gespräch berichtet, vermögen auch diese in ihm den Erlöser der Welt zu erkennen (im Griechischen: *sotér tou kósmou,* Johannes 4:42).

Als dieses *Ich bin* sich ein zweites Mal manifestiert, ist seine Vollmacht eine weiterreichende, bis in das Reich der Elemente. Mitten im nächtlichen Sturm, als die Jünger im Boot auf dem See von Genezareth von der Angst überwältigt werden, wandelt er auf dem Wasser und nähert sich dem Boot. «Er aber spricht zu ihnen: Ich bin, fürchtet euch nicht.» Da wollten sie ihn in das Boot aufnehmen und schon war das Boot am Lande, dort, wo sie hinwollten (Johannes 6:18–21). Die Meditation dieser Episode aus dem Johannesevangelium bietet die Möglichkeit, inmitten von stürmischen Ereignissen einen Ruhepunkt zu finden und die Angst zu überwinden.

Das *Ich bin* Christi kann in allen inneren und äußeren Stürmen zu einem Ankerplatz werden. Michael Bauer macht diese Erfahrung, als er in einem Zustand großer Verzweiflung die

Stimme Christi vernimmt. Diese Erfahrung beschreibt er in einem Brief: «In dieser Stunde lernte ich an mir selber kennen, was ich so oft in alten Legenden gelesen und bisher vergeblich für mich erstrebt hatte: Die bis zur Verzweiflung an sich selbst gesteigerte Seelennot des Mystikers. Es hat keinen Sinn, den Sturm der wilden Wasser durch Worte wiedergeben zu wollen. Aber mitten in diesem Sturm, erst ihn übertönend, dann wie mit einem Zauber ihn völlig stillend, sprach laut und deutlich und allen Irrtum ausschließend eine Stimme in mir: «Ist Christus nicht für dich gestorben?»[137]

In den darauffolgenden Evangelienabschnitten bringt Christus das *Ich bin* als eine neue und zeitlose Anwesenheit ans Licht. Nicht nur spricht Er von seiner Anwesenheit in der Zukunft – «Wenn ihr den Menschensohn erhöht habt, dann werdet ihr erkennen, dass Ich bin» –, sondern er verwendet eine grammatikalisch unmögliche Form: «Ehe Abraham ward, bin Ich.» Das ist eine Zeitform, durch die das ewige Jetzt, das *nunc aeternam*, ausgedrückt werden kann.

In den beiden letzten der sieben Aussagen tritt die Vollmacht des *Ich bin* in seiner allumfassenden Gestalt in Erscheinung. Bei seiner Gefangennahme handelt Christus völlig souverän. Er steht seinen Verfolgern gegenüber, die Hand an ihn anlegen wollen: «So holt nun Judas die Tempelwache und dazu die Diener der Hohenpriester und Pharisäer und kommt dort an mit Fackeln und Laternen und Waffen. Jesus wusste alles, was ihm bevorstand. Und so kam er heraus und spricht sie an: Wen sucht ihr? Sie antworteten ihm: Jesus, den Nazoräer.

Er spricht zu Ihnen: Ich bin. Auch Judas, sein Verräter, stand unter ihnen. Als er nun zu ihnen sagte: Ich bin, wichen sie zurück und stürzten zu Boden. Noch einmal fragt er sie: Wen sucht ihr? Sie sagten: Jesus, den Nazoräer. Jesus erwiderte: ich habe euch gesagt, dass Ich es bin; wenn ihr also mich sucht, so lasst diese gehen.» (Johannes 18:3–8)

Dieser Moment, der solch eine große Aussagekraft innehat, ist in der Malerei nur selten wiedergegeben worden.

Abb. 9: «Die Gefangennahme Christi in Gethsemane»,
aus «Très Riches Heures du Jean», einem Stundenbuch aus dem fünfzehnten
Jahrhundert, das von den Brüdern von Limburg im Auftrag des Herzogs
Jean de Berry angefertigt wurde.

Sofern mir bekannt, zeigt nur ein einziges, außerordentliches Gemälde innerhalb einer Bilderreihe zum Neuen Testament – vom Grafen Berry im 15. Jahrhundert in Auftrag gegeben – dieses Geschehen. Auf dem Bild sehen wir tiefste Nacht und einen mit Sternen übersäten Himmel. Einige fallen herunter. In einem formlosen Haufen liegen die Verfolger am Boden, ihre Augen geschlossen, als ob sie ein überwältigendes Licht aussperren wollten. Seitlich steht nur ein einziger Jünger in vornübergebeugter Körperhaltung, er kann sich kaum auf den Beinen halten. In der Mitte und ganz aufrecht steht Christus da, sein Haupt von einem goldenen Schein umstrahlt. So dürfen wir Ihn uns vorstellen, zu jeder Zeit.

> Er lebt und wird nun bei uns sein
> Wenn alles uns verlässt.
>
> Novalis

23 Christus in mir

Christus ist das Ich der Iche

Novalis

Um in unserer komplizierten, chaotischen Welt zurechtzukommen, ist es notwendig, ein starkes Ich zu entwickeln. Fortwährend müssen wir in unserem Leben Entscheidungen treffen und nach Möglichkeit nicht aufgrund unserer unberechenbaren Instinkte, sondern wohlüberlegter Entschlüsse, vom Ich dirigiert. Mit anderen Worten: Verantwortung übernehmen, verantwortlich werden.

Solange das Ich mit sich alleine ist, neigt es dazu, sich zu isolieren und egozentrisch zu werden. Nach dem Motto: «Ich, Icher, am Ichsten». Das Ich hat eine gewisse Tendenz, sich auf Kosten von Anderen auszubreiten. Als Gegenreaktion neigen wir gelegentlich dazu, die Last des Egos von uns wegzuwerfen und uns in ein Kollektiv zu stürzen – damit wir selbst nicht denken und Verantwortung tragen müssen.

Dieser Gegensatz zwischen dem Eintauchen in eine Menschenmenge und dem Willen, individuelle Verantwortung zu übernehmen, ist eindrucksvoll im Tagebuch der jüdischen Schriftstellerin Etty Hillesum (1914–1943) wiedergegeben. Im Rückblick auf ihre Erfahrungen im Durchgangslager Westerbork (Niederlande) schreibt sie 1942: «Des Nachts, hoch im Doppelstockbett liegend, mitten zwischen Frauen und Mädchen, die sanft schnarchten, laut träumten, leise weinten, sich im Bett herum wälzten, die tagsüber so oft sagten, ‹wir wollen nicht denken›, da überkam mich dann und wann eine endlose Rührung und ich lag wach und ließ die Ereignisse, die viel zu vielen Eindrücke eines viel zu langen Tages an mir vorüberziehen und dachte: Es sei mir dann vergönnt, das denkende Herz der Baracke zu sein. Ich möchte es wieder sein. Ich möchte das denkende Herz eines ganzen Konzentrationslagers sein.»[138]

Solche Erfahrungen verarbeitend, ist der Rückblick auf den Tag das Instrument, um aus der Perspektive des Ichs einen Überblick und ein tieferes Verständnis der Ereignisse zu bekommen. Zugleich entwickelt das Ich ein starkes Gefühl der Verantwortlichkeit – nicht nur für sich allein, sondern auch für alle und alles um sich herum. Das Ich ist nicht mehr ein exklusives; es wird Träger des Leidens des Anderen, Träger des Mit-Leidens. In einer solchen Erfahrung kann Christus in Erscheinung treten: «Alles, was ihr getan habt einem von diesen meinen geringsten Brüdern, das habt ihr mir getan.» (Matthäus 25:40).

Das Ich löst sich nicht auf wie ein Tropfen im Ozean, sondern es wird zum Träger eines höheren Wesens: Christus in mir. Wie es die Legende beschreibt: Offerus, der Mensch, der seine Fähigkeiten opfert, um anderen zu dienen, wird zum Christoforus. Die Legende des Riesen Offerus erzählt davon, wie dieser rastlos nach dem höchsten Herrn sucht, um ihm zu dienen – bis er von einem Einsiedler den Auftrag erhält, als Fährmann die Menschen auf seinen Schultern über den Fluss zu tragen. Eines Nachts hört er die Stimme eines Kindes, das von der anderen Seite des Flusses ruft. Er nimmt das Kind auf seine Schultern und watet mit ihm durch das Wasser. Als Offerus in der Mitte des Flusses unter der Last des Kindes fast zusammenbricht und es fragt, wer es sei, ist die Antwort: «Du trägst die Last der ganzen Welt. Du trägst Christus.» Als er das Kind ans Ufer gebracht hat, bekommt er einen neuen Namen: Christoforus.

> Ich hörte eine Stimme
> die übers' Wasser rief.
> Wer nennt da meinen Namen?
> In der Nacht, so schwarz und tief.
>
> Ich geh' durch Dunkelheit
> bis dass ich ihn find':
> und schau, am andern' Ufer
> da steht ein Kind.

– Wer bist du, und wieso
willst du von mir was fragen?
– Ich suche den Menschen,
den, der mich kann tragen.

– Wer bist du, und wieso
dass die Last mich fast zerstört?
– Alle Menschen, aller Erd'
du trägst mit, was mir gehört.

Ja, fürwahr, Du bist Christus,
deine Kraft kann ich erkennen.
– Und weil du trägst mit mir,
kann ich dich Christoforus nennen.

Bastiaan Baan

Der Apostel Paulus ist der Erste, der diese Erfahrung macht. Deren Essenz hat er in seinem Brief an die Galater (2:20) wiedergegeben: «Mit Christus bin ich gekreuzigt. Ich lebe, doch nicht mehr ich, sondern Christus in mir.» Was auf den ersten Blick scheinbar die Auslöschung des Ichs ist («nicht mehr ich»), ist in Wirklichkeit die Christus-Erfahrung im Ich: Das Ich wird Träger und Organ Christi. Das ist der Ort, wo Christus – als Ich der Iche – wohnen will.

Die Tragödie des Ichs kommt im Prolog des Johannes zum Ausdruck, der mit einem außergewöhnlichen, schwer übersetzbaren Wort beschreibt, wo das Licht der Welt wohnen will: «Zu den Ich-Menschen kam Er, und die Ich-Menschen nahmen ihn nicht auf.» (Johannes 1:11) Die Ich-Menschen – im griechischen Text: *ta idia*. Wörtlich übersetzt heißt es «das Eigene», aber sinngemäßer wäre: «das, was alleine und für sich steht». Von Rudolf Steiner stammt die Übersetzung: *die Ich-Menschen*. Heinrich Ogilvie übernimmt diese und bemerkt: «Das Evangelium meint hier solche Menschen, die schon damals sich ihrer selbst, ihres Innern, ihres Ichs bewusst waren, während sich im Allgemeinen der einzelne Mensch als Glied von Sippe, Stamm, Familie oder Volk erlebte.»[139] Übrigens entstammt unser Wort Idiot dem griechischen *idia*: jemand, der sich völlig abgesondert hat. Das ist eben die Tragödie des Ichs, wenn es nur sich selbst gelten lässt und alles und jedes um sich herum strikt verneint. In dem anschließenden Vers zeigt der *Prolog* die Therapie für das Ich auf: «So viele ihn aber aufnahmen, denen gab er Vollmacht, Gotteskinder zu werden» – nicht indem sie sich selbst verherrlichen, nicht indem sie sich selbst erniedrigen, nicht indem sie sich selbst verlieren, sondern indem sie ihr ureigenes Selbst entwickeln und zur Verwirklichung bringen. Damit sind wir wieder beim eigentlichen Thema dieses Buches: Wege zur westlichen Meditation. Die Quintessenz des westlichen Meditationsweges findet ihren Ausdruck im Zitat des Paulus: «Nicht ich, sondern Christus in mir.»

Für den östlichen Weg ist das Ich für gewöhnlich ein Hindernis. In extremster Form drückt sich das in einem Dokument von Shambala Nederland (ein Teilbereich der «Boeddhistische Unie Nederland») aus: «Sie sollten die ganze Dynamik und das Kraftfeld des Ichs zum Schweigen bringen und den Kern des dialektischen Bewusstseins auf ein Minimum reduzieren. Dann vollzieht sich das Wunder. Dann erfährt der Mensch den Zustand des Kindseins, ohne die schrecklichen Spannungen und ohne das Leiden des Ich-Menschen.»

Bereits in den Fünfzigerjahren schrieb Carl Gustav Jung, anlässlich seines Besuches in Indien und seines Studiums des Buddhismus und Hinduismus, wie der Gral ihn zu seinen Wurzeln zurückführte. In seinen *Erinnerungen, Träume, Gedanken* heißt es: «Gebieterisch wischte der Traum alle intensiven Eindrücke Indiens weg und führte mich zurück in die allzu lange vernachlässigten Anliegen des Abendlandes, die früher zum Ausdruck gekommen waren in der Suche nach dem Heiligen Gral wie auch die Suche nach dem Stein der Weisen. Weggezogen wurde ich aus der Welt von Indien, und daran erinnert, dass Indien nicht meine Aufgabe war, sondern nur ein Teil des Weges – zugegeben ein wichtiger Teil –, der mich näher an mein Ziel heranführen würde. Es war als ob der Traum mich fragte: ‹Was machst du in Indien? Suche lieber für dich und deine Mitmenschen den heilbringenden Gral, den *servator mundi*, den du dringend brauchst. Euer Zustand ist unheilvoll; Ihr alle seid in höchster Gefahr, alles zu zerstören, was durch Jahrhunderte aufgebaut wurde.›

Jung verweist hier an seine Gedanken zu den Archetypen: Als westliche Menschen sind wir unbewusst tief mit den Urbildern unserer Kultur verbunden. Für Jung ist das keine psychologische Theorie, sondern – insbesondere durch seine Träume und Visionen – eine eigene Erfahrung. Deshalb braucht er für seine innere Entwicklung (er nennt es: «das Eindringen in das Geheimnis der Persönlichkeit») immer die Verbindung zu den Archetypen der Kultur des Westens: das Christentum, die Legende des Heiligen Grals und die Bildersprache der Alchemie.

Die folgende, unvorbereitete Einweihungserfahrung unserer Zeit (und was daraus resultierte), sie beleuchtet vielleicht am besten, wie unsere westliche Konstitution uns zu einer Erfahrung der geistigen Welt führen will – während wir voll und ganz im Ich verbleiben. Die betreffende Person nahm als Ausgangspunkt die Meditation des *Bardo Thodol*, das Tibetanische Totenbuch, – und wurde durch seine Erfahrung zur westlichen Meditation geführt. Die Erfahrung zeigt aber auch, dass in diesem Fall ein Teil des Weges (siehe Carl Gustav Jung!) über eine östliche Meditationsform verlief. Basierend auf der ersten *Bardo*-Meditation, die sich auf die Erfahrung des hellstrahlenden Lichtes richtet, machte die Person eine Tonaufnahme, um sich selbst damit zur Grunderfahrung des Tibetanischen Totenbuchs hin zu lotsen.

Etwas gekürzt, hier die Worte des Meditierenden: «Als sich die zentrale Textstelle der *Bardo*-Meditation abwechselte mit tibetanischer Musik und als Zeiträume der Stille sich einstellten, betrat ich langsam eine andere Welt. Ich sah mich in einem unermesslichen blauen Universum einer anderen Dimension schweben. Ich fühlte mich ganz ruhig, ganz klar und leicht. Ich erfuhr, wie ich meinen schwebenden Körper mit meinen Gedanken führen und lenken konnte, entschloss mich aber, eine Weile die gleiche Position beizubehalten. Es fühlte sich an, als ob ich ganz allein war in diesem schier endlosen, kosmischen, blauen Universum. Gleichzeitig aber hatte ich das Gefühl, als ob eine Art unsichtbare Intelligenz anwesend sei. Als ob ich nach allen Seiten schauen konnte, als hätte ich viele Augen um meinen Ätherleib herum. So sah ich unter mir einen steinernen Sarkophag stehen. Ich blieb ruhig, fühlte mich ganz gut. Aber allmählich ging mir auf, die Situation sei eine Art Einladung, in den Sarkophag hinunterzusteigen. (…) Von entscheidender Bedeutung ist, dass ich eine unglaubliche Dimension der Freiheit und persönlicher Verantwortung empfand. Der Vorgang war nicht von der Art, wie sie oft in Nahtoderfahrungen beschrieben wird, sondern ich war frei, ja oder nein zu sagen. Es war, als ob aus einer unsichtbaren, wortlosen Quelle zu vernehmen war: ‹Du wolltest doch die Geheimnisse hinter dem Leben kennenlernen? Vielleicht ist dies die Gelegenheit. Aber beeile dich nicht. Fühl' dich frei, wir lassen dir Zeit.›

Als ich langsam und vorsichtig in den Sarkophag hinunterstieg, entdeckte ich, dass die Kiste keinen Boden hatte. Ich schwebte durch sie hindurch und gelangte in ein warmes Meer, ein Bad von Licht und Kraft, das mich von allen Seiten umgab. Meine erste, bewusste (und wortlose) Reaktion war etwa: ‹Nun weiß ich ganz sicher, dass der Tod nicht existiert. Es ist eine Transformation, ein Nach-Hause-Kommen.› Es war, als ob ich hinter der physischen Sonne die ursprüngliche Sonne zu Mitternacht sah. Ein unfassbares weißes Licht fing an, durch meinen Kräfteleib zu strömen, von den Zehen bis über meinen Kopf. (…) Gleichzeitig konnte ich mit meinem dritten Auge in meinen Körper hineinschauen. Ich sah, dass dieser Körper nicht physisch war, sondern sich aus Licht und Kraft zusammensetzt. Ein Lichtkörper, ohne irgendeinen dunklen Teil. Ich empfand, dass meine Identität, wie ein Tropfen, zutiefst mit dem ganzen Ozean verbunden war, aber sich nicht darin auflöste, er verschwand nicht. Meine Identität löste sich nicht wie ein Tropfen im Ozean auf, wie es oft in alten Texten beschrieben wird, sondern blieb so lange erhalten, wie ich es wollte, vielleicht mehr als eine Stunde. Ich befand mich außerhalb der Zeit in der Ewigkeit. (...) Dann hatte ich, nach einer langen Zeit, das Gefühl, es sei genug. Und langsam, aber sicher kehrte ich zurück zu einem mehr inkarnierten, aber immer noch höheren Bewusstsein. Ich hatte das Gefühl, als sei ich durch ein Nadelöhr gegangen und habe dabei gefunden, was ich schon so lange gesucht hatte. Es war mehr, als ich mir je hätte vorstellen können. Ich fühlte mich wie neugeboren, aber ich war müde und entschloss mich, schlafen zu gehen. Noch eine lange Zeit nach dieser Erfahrung blieb das Licht in meinem Schlaf anwesend, als ob ich Tag und Nacht ununterbrochen bei Bewusstsein war. (...) Alle Sinne, wie Gehörsinn, Gesichtssinn und Tastsinn, waren intensiviert. Wenn jemand mich besuchen kam, sah ich ihn auf dem Zugangsweg zu meiner Wohnung laufen, noch bevor er anklopfte. Ich hatte vorhersagende Träume und Erfahrungen von Koinzidenzen.[140] Wenn ich meine Arme ausstreckte, konnte ich die Pole fühlen: Nord-Süd, Ost-West. Weil ich noch studierte und ein beschütztes, relativ abgeschottetes Leben führen konnte, war in den ersten Jahren nach der Rückkehr von diesem Erlebnis meine erhöhte Sensibilität kein Problem. Ich vermied Lärm, suchte stille Orte auf und ging oft nach draußen in die Natur. Jahre später, als ich eine Anstellung erhielt, änderte sich dies. Manchmal fühlte ich mich so entrückt, dass ich mich nicht auf meine Arbeit konzentrieren konnte. Ich empfand eine wachsende Spannung zwischen zwei Welten: Meine Sensibilität machte es mir schwer, in einem praktischen Beruf Fuß zu fassen.

In dieser Zeit fühlte ich mich von vergangenheitsbezogenen gnostischen (Katharen) und auch östlichen Philosophien angezogen, die auf Exkarnation gerichtet waren. Wie ein empfindsamer Einsiedler neigte ich dazu, der Welt zu entfliehen, zögerte, mich mit der Welt zu verbinden, den Wunsch hegend, in die geistige Welt zurückzukehren. Aber gleichzeitig hatte ich das Gefühl, dass ich mit dem, was ich erfahren hatte, etwas anfangen sollte. Eines Tages, Jahre später und ganz bewusst, fasste ich den Entschluss, mich in die Welt und in die Gesellschaft zu inkarnieren. Die Anthroposophie Rudolf Steiners, die auf Christus ausgerichtet ist, half mir diese Entscheidung zu treffen.»

Als nach Jahren diese Person auf ihre Erfahrungen zurückblickte, machte sie folgende Schlussfolgerungen:
– Ich benutzte Elemente einer alten, exkarnierenden Einweihung, die mich zu einer zeitgemäßeren Einweihung führten. Ich trat nicht aus mir heraus zum Licht. Das Licht strömte in meinen Körper unter dem Sarkophag hinein, nicht von oben.
– Nach dieser Erfahrung war es nicht leicht, in das Alltagsleben und in die Gesellschaft zu inkarnieren – doch nach schwerem Ringen habe ich es geschafft.
– Mir ist klar geworden, welche Risiken in dieser Art von Erfahrungen für Menschen stecken, die darauf nicht vorbereitet sind. Der allmähliche Weg ist viel besser.
– Die Methoden, die ich benutzt habe (das Tibetanische Totenbuch, östliche Meditation), werde ich nie befürworten. In unserer Zeit ist der beste und sicherste Weg eben dieser, dass man bewusst das tägliche Leben für eine geistige Entwicklung zu einem höheren Bewusstsein nutzt, wie es von Rudolf Steiner beschrieben worden ist. «Festina lente», eile mit Weile, so lautet die Devise.»

Ich habe diese detaillierte Beschreibung zitiert, damit eine Person, die aus eigener Erfahrung sowohl die östliche wie auch die westliche Meditation kennt, zu Wort kommen kann. Es ist eine Illusion, zu meinen, es sei egal, welchen Weg man wählt nach dem Motto: «Alle Wege führen nach Rom.»

Ich hoffe, dass aus den vorangehenden Kapiteln klar geworden ist, dass es keinen vorgegebenen Weg gibt und dass das Zeitalter der Hierophanten, die Schritt für Schritt mitteilen, was wir tun sollen, ein für allemal vorbei ist.

Der beste Weg, unseren Kurs zu bestimmen und ihn zu halten, besteht im regelmäßigen Rückblick auf unsere Entwicklung. Wir können dabei mit einiger Übung zu unserem eigenen Lotsen werden.

Meine Beschreibungen der östlichen und westlichen Meditationswege könnten möglicherweise zu einem Missverständnis führen: dass ich in sämtlichen östlichen Methoden eine Gefahr für die Menschen des Westens sehen würde. Mir ist bewusst, dass man nicht alle Methoden über einen Kamm scheren kann. Das gilt für die östlichen wie auch für die westlichen Wege. Die wichtigsten Kriterien, einen Schulungsweg zu beurteilen, sind für mich:

– Ist die Freiheit gewährleistet?

– Ist eine Möglichkeit gegeben, die Liebe zur irdischen Existenz und zum Mitmenschen zu kultivieren?

Diese beiden wesentlichsten Fähigkeiten des Menschen sind ein innerer Maßstab, für sich selbst zu beurteilen, ob ein Weg begehbar ist.

24 Christus in uns

> Die Widersachermächte können die Christen bis aufs Blut peinigen –
> aber sie können nicht verhindern, dass sie einander lieben.
>
> Rudolf Frieling

… und dennoch ist die Erfahrung «Christus in mir» noch nicht die Krönung des westlichen Meditationsweges. Es scheint bis jetzt so, als ob sich alles um die Stärkung des Ichs dreht. Das ist auch so – bis wir anfangen zu verstehen, dass ohne «wir» kein «ich» möglich ist. Die Bantusprachen in Südafrika haben dafür den Begriff *Ubuntu*, den man etwa übersetzen kann mit: «Ich bin, weil wir sind.» Alle Wege würden nirgendwo hinführen, wenn sie von Anfang bis Ende «einsame Wege» bleiben würden. Einsamkeit ist ein notwendiger Entwicklungsabschnitt auf dem inneren Schulungsweg – aber er ist selbstverständlich kein Ziel. Wer einmal Christus in sich selbst erfahren hat, ist auch in der Lage, ihn in anderen zu erkennen. Es ist sogar möglich, die verborgene Anwesenheit Christi in den anderen hervorzurufen, indem man mit anderen Augen auf ihn schaut. In den Tagebüchern des bekannten Psychiaters Willem Zeylmans van Emmichoven schrieb seine Frau Ingeborg als Motto für dessen Schulungsweg:

> Schau in die Welt
> mit Christi Augen

Die Art und Weise, wie wir auf die Welt und auf andere Menschen schauen, ist nicht nur entscheidend für unsere Weltanschauung, sondern auch für unser Handeln. In jedem Menschen, dem wir begegnen, kommt auch Christus uns entgegen. Aber erkennen wir Ihn?

Eine beeindruckende Erfahrung Seiner Anwesenheit schildert der niederländische Widerstandskämpfer Floris Bakels (1915–2000) in seinen Tagebüchern aus den Konzentrationslagern.[141] Nachdem er von einem der Schergen des KZ Natzweiler (Elsass) verprügelt worden war, lief Floris Bakels am nächsten Tag in Todesangst zum Steinbruch, wo die Gefangenen die Zwangsarbeit verrichten sollten. «Während ich zum Steinbruch hinauf lief, hörte ich: ‹Fürchte dich nicht vor diejenigen, die zwar den Körper töten können, die Seele aber nicht.› Ich glaubte, fertiggemacht zu werden. Gott war dabei, mich darauf vorzubereiten. Ernst Jager hielt mich für einen Staatsanwalt, seinen Erzfeind. Ich fing an zu arbeiten. Ich sah ihn von weitem nach mir spähen. Er hatte mich nicht vergessen und er lief auf mich zu. Mit ihm näherte sich Jesus Christus.

Mir kam der Gedanke: Was kann dieser Mann mir antun? Was kann er gegen Gott, seinen Schöpfer, anfangen? Hier ist ein Mensch wie ich, nur leider vom Teufel besessen. Dieser Mann vermag nichts, wenn Gott ihm solche Macht nicht gibt. Ich muss nichts fürchten. Ich muss für seine Befreiung beten.

Ich hörte mit der Arbeit auf und wartete ab. Die tausend Steinbrucharbeiter hörten ebenfalls mit der Arbeit und schauten zu. Jager baute sich vor mir auf und brüllte einige Worte, wahrscheinlich: ‹Du sollst die Lore laden, Mensch!› Was ich darauf zu ihm gesagt habe, daran habe ich mich nie wieder erinnern können. Vielleicht etwa dies: ‹Es ist nicht gut, dass du mich als Feind behandelst. Wir sitzen alle im selben Boot und müssen einander helfen. Du siehst doch, dass ich diese Arbeit nicht mehr schaffe. Du bist nicht auf der Welt, um mich totzuschlagen, sondern um mir zu helfen.› Das war der Anfang einer Diskussion von gut einer Stunde. Jager war von einem fast bestialischen Stumpfsinn. Er befragte mich nach dem Wort ‹Freund›. Was ist das? Am Ende der Stunde reichten wir uns die Hand. Ernst wischte sich den Schweiß von der Stirn und vom Nacken – es war irre heiß – und lief davon. Seitdem habe ich nie wieder etwas von ihm bemerkt. Wer dies als

Beweis übermenschlicher Tapferkeit bezeichnet, den muss ich enttäuschen. Es ist keine falsche Bescheidenheit, wenn ich es so sage, wie es ist: Es ist ein markantes Beispiel für die Macht, die Gott jemandem verleiht, der an Ihn glaubt und Ihn um Beistand bittet. Die Engel sind um mich herum gestanden.»

Schau in die Welt mit Christi Augen – und ein von Brutalität Besessener wird zum Menschen.

In unserem Alltag können wir anfangen, auf diese Weise zu schauen. Das beginnt damit, dass wir uns fragen: Wenn Christus dabei wäre – was würde Er dann sehen? Was würde Er sagen? Was würde Er tun?

Im Evangelium können auf diese Fragen konkrete Antworten gefunden werden. Was sah Christus, als der reiche Jüngling Ihn fragte: «Was soll ich tun, um Anteil am ewigen Leben zu erlangen?» Für diese Begegnung benutzt der Evangelist Markus außergewöhnliche Worte. Üblicherweise wird übersetzt: «Und Jesus sah ihn an und liebte ihn ...» (Markus 10:21). Das griechische Wort *emblépsas* bedeutet aber *einsehen*. So müsste man eigentlich ein wenig unüblich übersetzen mit: «Jesus schaute in ihn hinein und gewann ihn lieb». Das hier benutzte Wort liebgewinnen, *egápesen*, ist der Ausdruck für die höchste Form der bedingungslosen Liebe – *agapē*. Was hier bis in die sprachliche Wortwahl zum Ausdruck kommt, ereignet sich in Seinem Erdenleben fortwährend: «... brauchte er doch von niemandem ein Zeugnis über den Menschen; von sich aus erkannte er das Innere des Menschen.» In der Begegnung mit dem reichen Jüngling, da geht es wortwörtlich um «Liebe auf den ersten Blick» – weil Christus in diesem Menschen einen künftigen Jünger erkennt. Das Wort *egápesen* wird im Johannesevangelium benutzt für «den Jünger, den er liebte» – Johannes (Johannes 19:26).

Rudolf Steiner beschreibt in einem persönlichen Gespräch mit Friedrich Rittelmeyer das Antlitz Christi. Rittelmeyer fragt ihn: «‹Ist es eigentlich möglich, durch bloße Meditation der Christusworte, dahin zu kommen, dass man etwas darüber sagen kann, wie Christus ausgesehen hat?› ‹Wie glauben Sie denn, dass er ausgesehen hat?›, war die ruhige Gegenfrage. Als ich nun anfing, einiges zu sagen, nahm Rudolf Steiner meine Schilderung auf und führte sie, ich kann nur sagen: zur Klarheit. Es war dasselbe Bild, das er hernach in seinen Vorträgen gab: eine Stirn, die nicht einer modernen Denkerstirn glich, auf der aber die Verwunderung über die tiefen Geheimnisse des Daseins geschrieben stand; ein Auge, das nicht beobachtend auf die Menschen blickte, sondern in Glut der Hingebung gleichsam in sie eintauchte; ein Mund: «als ich ihn zum ersten Mal sah, hatte ich den Eindruck, dieser Mund sieht aus, als ob er nie gegessen, sondern von Ewigkeit her, göttliche Wahrheiten verkündigt habe.»[142]

Wenn wir das Leitmotiv «Schau in die Welt mit Christi Augen» verwirklichen wollen, gilt es unsere Fähigkeiten zur Verwunderung, Empathie und zum Gewissen zu kultivieren. In verschiedenen Vorträgen macht Rudolf Steiner diesbezüglich konkrete Angaben. Er spricht von den Qualitäten der Verwunderung, des Mitleides und des Gewissens als Hüllen, in denen der wiedergekommene Christus wohnen kann.[143] In einem umfangreichen Werk hat Christof Lindenau diese drei Qualitäten ausgearbeitet.[144]

Wiederum ist es der Apostel Paulus, der als Erster im Mitmenschen Christus erkennt – genauso wie er als Erster die Christus-Erfahrung im eigenen Ich beschreibt. Parallel zu den sieben «Ich bin»-Worten im Johannesevangelium, finden wir in den Paulusbriefen sieben «Ihr seid»-Worte. Er erkennt die Spuren der göttlichen Welt im Mitmenschen:

Gottes Ackerfeld und Gottes Bauwerk seid ihr
(1 Kor. 3:9)
Wisst ihr nicht, dass ihr ein Tempel Gottes seid?
(1 Kor. 3:16)
… dass ihr ein Christusbrief seid   (2 Kor. 3:3)
Ihr aber seid Christi Leib   (1 Kor. 12:27)

Denn Ihr seid alle Söhne des Lichtes und Söhne des
Tages (1 Thess. 5:5)
Denn ihr alle seid Söhne Gottes in Jesus Christus
(Galater 3:26)
Denn ihr seid alle Einer in Christus Jesus
(Galater 3:28)

Wenn wir im Mitmenschen den Wiedergekommenen erkennen, entsteht Gemeinschaft in Christus. Diese Gemeinschaft setzt sich zusammen aus «eine[r] große[n] Schar, die niemand zählen konnte, aus allen Rassen und Stämmen, Völkern und Sprachen» (Apokalypse 7:9). Das ist nicht bloß ein Versprechen für eine weit entfernte Zukunft, das Neue Jerusalem. Etwas dieser Zukunft wird zur Wirklichkeit, wenn ich in die Augen eines Menschen schaue und Christus in ihm, Christus in uns erkenne.

Damals, als jeder von uns
auf sich zurückgeworfen war
wuchs ich langsam empor
wie ein Kristall, hell und klar;
in der Schlucht der Einsamkeit.

Endlich ist's möglich, da können wir
uns wiederum zusammenfinden;
kristallklar unsre Vielfalt, jetzt und hier.

Über uns wölbt sich der Himmel, neu und rein
Und am Tisch ist bereitet
Platz für das Brot und für den Wein.
Verschieden und doch eins, werden wir
mehr denn je beisammen sein.

Bastiaan Baan

Abbildungsnachweis

Abb. 1   Beppe Assenza «Meditation»
Abb. 2   Rudolf Steiner Verlag, GA 233a, Dornach 12.01.1924 (Tafel 6), Zeichnung nach Vorlage von Ivana Suppan
Abb. 3   Ernst Barlach «Fries der Lauschenden», Ausschnitt, Foto: Ernst Barlach Haus Hamburg
Abb. 4   Ernst Barlach «Fries der Lauschenden», Ausschnitt, Foto: Ernst Barlach Haus Hamburg
Abb. 6   Albert Steffen «Waldlilie»
Mit freundlicher Genehmigung der Albert Steffen-Stiftung, Dornach
Abb. 9   By Limbourg brothers – Photo. R.M.N. / R.-G. Ojéda, Public Domain, https://commons.wikimedia.org/w/index.php?curid=17439558

Siglenverzeichnis

GA 10   Wie erlangt man Erkenntnisse der höheren Welten? Dornach ^{25}2018.
GA 13   Die Geheimwissenschaft im Umriss. Dornach ^{31}2013.
GA 14   Vier Mysteriendramen. Dornach ^{5}1998.
GA 35   Philosophie und Anthroposophie. Gesammelte Aufsätze 1904–1923. Dornach ^{3}2014.
GA 40a Sprüche, Dichtungen, Mantren. Ergänzungsband: Nachträge, Handschriften, Gesamtregister. Dornach 2002.
GA 52   Spirituelle Seelenlehre und Weltbetrachtung. Dornach ^{2}1986.
GA 54   Die Welträtsel und die Anthroposophie. Dornach ^{2}1983.
GA 94   Kosmogonie. Populärer Okkultismus. Das Johannes-Evangelium. Die Theosophie an Hand des Johannes-Evangeliums. Dornach ^{2}2001.
GA 96   Ursprünge der Geisteswissenschaft. Dornach ^{2}1989.
GA 113 Der Orient im Lichte des Okzidents. Die Kinder des Luzifer und die Brüder Christi. Dornach ^{5}1982.

GA 119	Makrokosmos und Mikrokosmos. Die große und die kleine Welt. Seelenfragen, Lebensfragen, Geistesfragen. Dornach ³1988.
GA 125	Wege und Ziele des geistigen Menschen. Lebensfragen im Lichte der Geisteswissenschaft. Dornach ²1992.
GA 130	Das esoterische Christentum und die geistige Führung der Menschheit. Dornach ⁴1995.
GA 133	Der irdische und der kosmische Mensch. Dornach ⁴1989.
GA 134	Die Welt der Sinne und die Welt des Geistes. Dornach ⁶2008.
GA 143	Erfahrungen des Übersinnlichen. Die drei Wege der Seele zu Christus. Dornach ⁴1994.
GA 145	Welche Bedeutung hat die okkulte Entwicklung des Menschen für seinen Hüllen – physischer Leib, Ätherleib, Astralleib – und sein Selbst? Dornach ⁷2015.
GA 147	Die Geheimnisse der Schwelle. Dornach, ⁷2015.
GA 161	Wege der geistigen Erkenntnis und der Erneuerung künstlerischer Weltanschauung. Dornach ²1999.
GA 175	Bausteine zu einer Erkenntnis des Mysteriums von Golgatha. Dornach ³1996.
GA 214	Das Geheimnis der Trinität. Dornach ³1999.
GA 233a	Mysterienstätten des Mittelalters. Dornach ⁶2013.
GA 237	Esoterische Betrachtungen karmischer Zusammenhänge. Band 3. Dornach ⁸1991.
GA 257	Anthroposophische Gemeinschaftsbildung. Dornach ⁴1989.
GA 264	Zur Geschichte und aus den Inhalten der ersten Abteilung der Esoterischen Schule 1904 bis 1914. Dornach ²1996.
GA 266/I	Aus den Inhalten der esoterischen Stunden. Band I: 1904–1909. Dornach ²2007.
GA 266/II	Aus den Inhalten der esoterischen Stunden. Band II: 1910–1912. Dornach 1996.
GA 267	Übungen mit Wort- und Sinnbild-Meditationen zur methodischen Entwicklung höherer Erkenntniskräfte. Seelenübungen Band I. 1904–1924. Dornach ³2018.
GA 268	Mantrische Sprüche. Seelenübungen Band II. 1903–1925. Dornach ²2015.
GA 317	Heilpädagogischer Kurs. Dornach ⁸1995.

GA 343   Vorträge und Kurse über christlich-religiöses Wirken. – Spirituelles Erkennen, religiöses Empfinden, kultisches Handeln. Dornach 1993.
GA 344   Vorträge und Kurse über christlich-religiöses Wirken. Dornach 1994.

Anmerkungen

1   Hans Magnus Enzensberg (Hg.): Museum der modernen Poesie. Frankfurt am Main 1964.
2   Friedrich Rittelmeyer: Meditation. Zwölf Briefe über Selbsterziehung, Verlag Urachhaus, Stuttgart 2005.
3   Herbert Hahn: Sonne im Tautropfen. Beiträge zur Diätetik der Seele, Stuttgart 1990, S. 22.
4   Arthur Avalon: Die Girlande der Buchstaben, O. W. Barth Verlag, München 1987.
5   The New Yorker: ‹The higher life – A mindfulness guru for the tech set›, 6. Juli 2015. URL: https://www.newyorker.com/magazine/2015/07/06/the-higher-life (Zugriff: 23.6.2021).
6   Vlg.: GA 264, 265, 266/1, 266/2, 266/3, 267 und 268.
7   GA 214, 20.08.1922.
8   GA 113, 24.08.1909.
9   Alla Selawry: Ehrenfried Pfeiffer. Dornach 1987, S. 120.
10 Christian Morgenstern, Reinhardt Habel (Hg.): Band V: Aphorismen. Werke und Briefe. Stuttgarter Ausgabe. Kommentierte Ausgabe, Stuttgart 1987, S. 312.
11 GA 264, 05.06.1905.
12 Ebd.
13 Ebd.
14 GA 10, S. 103 f.
15 Die Begriffe luziferisch und ahrimanisch werden in der Anthroposophie für zwei einseitige Neigungen verwendet: Erdflucht und Erdsucht, die Neigung, sich in Illusionen wegzuträumen, und die entgegengesetzte Neigung, nur die irdische Wirklichkeit gelten zu lassen.
16 GA 147, 28.08.1913.

17 GA 266/II, 23.08.1911.
18 Messe der Christengemeinschaft.
19 Albert Steffen: Pilgerfahrt zum Lebensbaum, Verlag für Schöne Wissenschaften, Dornach 1955.
20 Diese Erfahrungen sind in meinem Buch Der Herr der Elemente, Verlag Urachhaus 2006, beschrieben worden.
21 GA 268, S. 179.
22 J. Emanuel Zeylmans van Emmichoven: Die Erkraftung des Herzens. Eine Mysterienschulung der Gegenwart, Ita Wegman Institut, Arlesheim 2009, S. 338.
23 GA 266/I, 17.11.1912.
24 GA 266/II, 19.11.1912.
25 Ida Gerhardt: Verzamelde gedichten, Athenaeum-Polak & van Gennep, Amsterdam 2002, S. 535.
26 GA 54, 19.04.1906.
27 GA 10, S. 37.
28 GA 35, S. 346.
29 GA 266/I, 29.01.1907.
30 Ebd.
31 Herbert Hahn: Begegnungen mit Rudolf Steiner, Internationale Vereinigung der Waldorfkindergärten, Stuttgart 1991.
32 Therese Schulte: Transzendentale Meditation und wohin sie führt – Abschiedsdisput einer TM-Lehrerin, Stuttgart 1980, S. 219f.
33 GA 317, 26.06.1924.
34 Interview mit Ulla von Bernus in: Flensburger Hefte Nr. 12: Schwarze und weiße Magie. Von Satan zu Christus. Flensburg 1993.
35 Conrad Ferdinand Meyer: Sämtliche Werke in zwei Bänden. Band 2, München 1968, S. 195–196.
36 Dag Hammerskjöld: Zeichen am Weg. Stuttgart 2012, S. 123.
37 Legende Aurea, Darmstadt 1997, S. 868.
38 Aus dem Nachlass des Rektors Moritz Bartsch (1869–1944), Breslau.
39 Thomas Meyer (Hg.), Mabel Collins: Licht auf den Weg/Lights on the Path. Perseus Verlag 2014. Siehe dazu auch: GA 52, S. 201.
40 GA 266/II, 09.06.1912.
41 Florin Lowndes: Die Belebung des Herzchakra, Ein Leitfaden zu den Nebenübungen Rudolf Steiners, Freies Geistesleben, Stuttgart 2019; Rudolf Steiner: Das Ätherherz und die sechs «Ne-

benübungen». Basel 2017; Athys Floride, Maurice Le Guerrannic. Basel 2005.
42 Herbert Hahn: Begegnungen mit Rudolf Steiner, Internationale Vereinigung der Waldorfkindergärten. Stuttgart, 1991, S. 54f.
43 Martin Kiessig (Hg.): Dichter erzählen ihre Träume. Stuttgart 1976, S. 125.
44 GA 130, 17.06.1912.
45 GA 10, S. 18.
46 GA 14, S. 342.
47 GA 40a (Archiv Nr. 3331a bzw. 3331).
48 Deutsche Mitteilungen, Jahrgang 36, Nr. 40, Johanni 1982.
49 GA 267, S. 486 f.
50 GA 268, S. 73.
51 Dag Hammerskjöld: Zeichen am Weg. Stuttgart 2012, S. 210.
52 Vgl. Bastiaan Baan: Alte und neue Mysterien. Stuttgart 2010.
53 GA 13, S. 257.
54 Dag Hammarskjöld: Zeichen am Weg. Stuttgart 2012, S. 123.
55 GA 266/II, 07.01.1912.
56 Karl Weissenberg, Physiker in Berlin, 1893–1976.
57 GA 119, 28.03.1910.
58 In GA 267 viele weitere individuell gegebene Meditationen.
59 GA 267, Archiv-Nr. A 0114 übersetzt. Siehe auch GA 13, Kapitel V. «Die Erkenntnis der höheren Welten (von der Einweihung oder Initiation)». Bezüglich der Einweihung, GA 119, 28.03.1910 und GA 125, 21.11.1910 «Absterben im Kreuz, auferstehen in den Rosen – das liegt in dem Symbol des Rosenkreuzes».
60 GA 233a, 12.01.1924.
61 Walter Johannes Stein: Der Tod Merlins. Das Bild des Menschen in Mythos und Alchemie, Philosophisch-Anthroposophischer Verlag, Dornach, 1984, S. 68.
62 Näheres dazu bei: Viktor Stracke: Das Geistgebäude der Rosenkreuzer. Verlag am Goetheanum, Dornach 1993.
63 Ellen Huidekoper: In silberner Finsternis. Eduard Lenz – Ein Leben in den Umbrüchen des zwanzigsten Jahrhunderts. Verlag Urachhaus, Stuttgart 2003.
64 GA 266/I, 20.01.1907.
65 Ebd.
66 Barbara Nordmeyer: Meister ihres Schicksals. Biografische Skizzen. Verlag Urachhaus Stuttgart 1989, S. 90–91.
67 GA 266/II, 16.06.1910.

68 Jacques Lusseyran: Das wiedergefundene Licht. Gütersloh 1977, 8. Auflage, S. 117.
69 GA 175, 20.02.1917.
70 Anthroposophical Prison Outreach. Vgl.: URL: https://www.anthroposophyforprisoners.org/ (Zugriff: 20.10.2021).
71 Naturgeister. Vom Wirken der Elementarwesen. Flensburger Hefte Nr. 55, Flensburg 1996.
72 Gabrielle Bossis: Er und ich: Geistliches Tagebuch I und II. Topos plus Verlagsgemeinschaft, Kevelaer 2010.
73 Michael Bauer: Menschentum und Freiheit. Verlag Urachhaus, Stuttgart 1971, S. 126.
74 GA 266/I, 29.01.1907.
75 Herbert Hahn: Begegnungen mit Rudolf Steiner, Internationale Vereinigung der Waldorfkindergärten, Stuttgart 1991.
76 Alla Selawry: Ehrenfried Pfeiffer. Pionier spiritueller Forschung und Praxis, Verlag am Goetheanum, Dornach, 1987, S. 120.
77 Ebd., S. 120, 138.
78 Johann Valentin Andreä: Die Chymische Hochzeit des Christian Rosencreutz, Gedeutet u. kommentiert von Bastiaan Baan, Texte: B. Baan, aus dem Niederländischen von Agnes Dom-Lauwers, Verlag Urachhaus, Stuttgart 1998.
79 Frank Teichmann: Goethe und die Rosenkreuzer. Verlag Freies Geistesleben, Stuttgart 2007.
80 Schibboleth: sprachliches Erkennungs- bzw. Unterscheidungsmerkmal; unverwechselbare Signatur für eine bestimmte Gruppe von Menschen, wie beschrieben im Buch Richter Vers 12:6 des Alten Testaments.
81 GA 327, 01.08.2024.
82 GA 10, S. 43 f.
83 GA 10, S. 47.
84 Pralaya: Ruhezustand zwischen zwei Verkörperungs- oder Beschaffenheitsphasen eines Wesens.
85 Herbert Hahn: Begegnungen mit Rudolf Steiner. Internationale Vereinigung der Waldorfkindergärten, Stuttgart 1991, S. 43.
86 Hinweise und Studien zum Lebenswerk von Albert Steffen, Heft 20/21, Dornach 2006.
87 Ebd.
88 Ebd.
89 Ebd.
90 GA 10, S. 65.

91 Konrad Dietzfelbinger: Mysterienschulen des Abendlandes vom alten Ägypten bis zu den Rosenkreuzern, Königsdorfer Verlag, Königsdorf ³2010.
92 Klaus Otto Scharmer: Theorie U: Von der Zukunft her führen, Carl Auer Verlag, Heidelberg 2009.
93 GA 131, 07.08.1911.
94 Angie Fenimore: Jenseits der Finsternis: Eine Nah-Todeserfahrung, die in die Schattenwelt führte, Knaur Verlag 1996.
95 Gabrielle Bossis: Er und ich: Geistliches Tagebuch I und II, Topos plus Verlagsgemeinschaft, Kevelaer 2010.
96 Heinz Müller: Spuren auf dem Weg. Erinnerungen. Persönliche Erlebnisse mit Rudolf Steiner, Mellinger Verlag, Stuttgart ²1976.
97 Rudolf Steiner, Martina Maria Sam (Hg.): Rückschau. Übungen zur Willensstärkung, Rudolf Steiner Verlag, Dornach, 2009.
98 GA 266/I, 29.01.1907.
99 GA 161, 07.02.1915.
100 Erfahrungen im Umgang mit Tod und Sterben, Flensburger Hefte Nr. 18, Flensburg 2001, S. 77.
101 GA 268, S. 363 f.; Brief an Paula Stryczek zum Tode der Frau von Günther Wagner.
102 Hinweise und Studien zum Lebenswerk von Albert Steffen. Schwellenerfahrungen Albert Steffens Leben mit den Verstorbenen, Albert Steffen-Stiftung, Dornach 2006.
103 Deutscher Theologe, Priester in der Christengemeinschaft, 1901–1986.
104 Z.B. Fürbitte Christi in Gethsemane, Mosaik Basilica Sant' Apollinare Nuovo, Ravenna, etwa 530.
105 GA 343, 30.09.1921.
106 Ebd.
107 Amerikanischer Begriff: Kirchengemeinde, in welcher 2000 oder mehr Menschen wöchentlich zum Gottesdienst gehen.
108 Affirmation: Das, was ich fest genug bejahe und bekräftige, wird eintreten: Vermögen, Gesundheit, Erfolg usw.
109 GA 96, 28.01.1907.
110 Dazu: Rudolf Frieling: «Das Vaterunser, mit den Verstorbenen gebetet», in Christoph Rau (Hg.): Wege zum Beten, Verlag Urachhaus, Stuttgart 1964.
111 GA 257, 30.01.1923.
112 Sigismund von Gleich: Die Inspirationsquellen der Anthroposophie, Stuttgart 1981.

113 Dag Hammarskjöld: Zeichen am Weg, Verlag Urachhaus, Stuttgart 2011.
114 Franziskus von Sales Bischoff von Genf, 1567–1622.
115 Kleine Apokalypse: Die Reden Christi am Kardienstag.
116 Raymond Moody: Leben nach dem Tod. Die Erforschung einer unerklärlichen Erfahrung, Hamburg 2001.
117 Rainer Maria Rilke: Briefe, Erster Band, 1897–1914, Insel Verlag, Wiesbaden 1950.
118 GA 266/II, 05.11.1910.
119 Dag Hammarskjöld: Zeichen am Weg, Verlag Urachhaus, Stuttgart 2011.
120 Angelus Silesius, Mystiker (1624–1677), in: Angelus Silesius: Cherubinischer Wandersmann I, 61.
121 Friedrich Rittelmeyer: Meine Lebensbegegnung mit Rudolf Steiner, Verlag Urachhaus, Stuttgart 2015.
122 GA 266/I, 29.01.1907.
123 Eine ausführliche Untersuchung bei: Jürgen Heise: Bleiben – Menein in den johanneischen Schriften, Verlag Mohr-Siebeck, Tübingen 1967.
124 GA 237, 01.08.1924; Schibboleth: Sprachliches Erkennungs- bzw. Unterscheidungsmerkmal; unverwechselbare Signatur für eine bestimmte Gruppe von Menschen, wie beschrieben im Buch Richter Vers 12:6 des Alten Testaments.
125 GA 145, S. 96.
126 Wolf-Ulrich Klünker (Hg.): Thomas von Aquin, Der Prolog des Johannesevangeliums, Verlag Freies Geistesleben, Stuttgart 1993.
127 Walther Kranz: Vorsokratische Denker, Auswahl aus dem Überlieferten, Weidmann'sche Verlagsbuchhandlung, Berlin 1949.
128 GA 94, 19.02.1906.
129 Hans-Jürgen Hanke: Karl Schubert, Lebensbilder und Aufzeichnungen, Verlag am Goetheanum, Dornach 2004.
130 Ebd., S. 134 f.
131 «Es ist zugleich das Handelnde, und das Produkt der Handlung; das Tätige, und das, was durch die Tätigkeit hervorgebracht wird; Handlung und Tat sind Eins und eben dasselbe; ich bin Ausdruck einer Tathandlung.» Johann Gottlieb Fichte: Grundlage der gesamten Wissenschaftslehre: als Handschrift für seine Zuhörer (1794), F. Meiner, Hamburg 1997, S. 16.
132 J. Emanuel Zeylmans van Emmichoven: Die Erkraftung des Herzens. Eine Mysterienschulung der Gegenwart, Ita Wegman Institut, Arlesheim 2009, S. 339.

133 GA 344, 18.09.1922.
134 GA 268, aus einem Notizbuch, Juli 1903.
135 Jacques Lusseyran: Gegen die Verschmutzung des Ich, Verlag Freies Geistesleben, Stuttgart 1972.
136 Heinrich Ogilvie zur Übersetzung der Worte Egó eimi: Man kann das griechische Egó eimi übersetzen mit «Ich bin es», wobei das Ich betont wird. Jesus spricht mit diesen zwei Wörtern seinen göttlichen Namen aus, das göttliche Ich, in dem das wahre ewige Selbst eines jeden Menschen lebt. Das Gottes-Ich wird zum Menschen-Ich, zum Ich der Menschheit in Christus. Dieser verborgene Gottesname wurde zuerst Moses im brennenden Dornbusch offenbart (Exodus 3:14); nun wird er durch Christus als sein Name ausgesprochen (vgl. Joh. 8:24, 8:28, 8:58; Joh. 18:5, 18:8). In der vorliegenden Übersetzung sind die Ausdrücke Ich, Mir und Mein manchmal mit großen Anfangsbuchstaben geschrieben, nämlich immer dann, wenn Christus so über sich selbst spricht, dass man merken kann: Er meint jetzt nicht das menschliche Ich, sondern das große göttliche Ich, das eins ist mit dem Vater (vgl. Joh. 10:30).
137 Michael Bauer (1871–1929), 17. August 1911, in einem Brief an Carl Catoir, Gesammelte Werke Band 5, Verlag Urachhaus, Stuttgart 1987.
138 Etty Hillesum, J.G. Gaarlandt (Hg.): Das denkende Herz. Die Tagebücher von Etty Hillesum 1941–1943. Rowohlt, Reinbek bei Hamburg 1988.
139 Heinrich Ogilvie: Das Neue Testament, Urachhaus, Stuttgart 2020.
140 Koinzidenz: Gleichzeitig mit einem gewissen Gedankeninhalt ereignet sich in der Außenwelt etwas, das mit dem Gedachten in Zusammenhang steht.
141 Floris Bakels: Nacht und Nebel, Fischer Verlag 2016.
142 Friedrich Rittelmeyer: Meine Lebensbegegnung mit Rudolf Steiner, Urachhaus, Stuttgart 2015.
143 Vgl. GA 133, 14.05.1912; GA 134, 27.12.1911; GA 143, 03.02.1912.
144 Christof Lindenau: Staunen, Mitgefühl, Gewissen. Zur Anthroposophie als einer Versuchsmethode des Allgemein-Menschlichen. Freies Geistesleben, Stuttgart 2003.

Heinz Zimmermann | Robin Schmidt
Meditation
Eine Einführung in anthroposophische Meditationspraxis

Der meditative Weg der Anthroposophie unterscheidet sich von anderen Meditationsformen wesentlich. Schon die Frage, wie sich der Meditierende seinen Weg selbst aufbaut, stellt einen zentralen Schritt des Weges dar. Aus einer langjährigen Seminartätigkeit fassen die Autoren die wichtigsten Erfahrungen zusammen und erläutern anhand von Beispielen, wie man eine Meditation aufbauen und damit eine spirituelle Entwicklung beginnen kann. Das Buch wird abgerundet mit einem Abdruck der wichtigsten Meditationen und Übungsanleitungen von Rudolf Steiner. So ist das Buch ein Praxisbuch für Anfänger wie auch Erfahrene.

200 Seiten, gebunden, ISBN 978-3-7235-1535-8

VERLAG AM GOETHEANUM

Hans-Jürgen Pingel

Tugenden auf dem Weg zur höheren Erkenntnis

Die sechs Nebenübungen

Wer sehnt sich nicht danach, Herrschaft über sein Gedankenleben zu erringen? Wer ist sich bewusst, wie wenig er am Tag aus eigenem Willensantrieb tut? Wer möchte nicht Gelassenheit in seine Gefühlswelt hineinbringen? Tugenden, die durch die sogenannten ‹Nebenübungen› angestrebt werden, unverzichtbare Begleiter auf dem Schulungsweg. Darüber hinaus können sie als hygienische Übungen jedem helfen, Ordnung in sein Seelenleben zu bringen. Den nach höherer Erkenntnis Strebenden schützen die Übungen vor möglichen Fehlentwicklungen und sichern die Gegründetheit seiner Meditationsarbeit.

112 Seiten, kartoniert, ISBN 978-3-7235-1398-9

VERLAG AM GOETHEANUM